作者——馬繼康

不一樣的世界遺產之旅2

跟著深度旅行家馬繼康看世界

深入巨蜥之巢　體驗與龍共舞的刺激
親臨歷史建築　感受文明的美麗與震撼
攀上高山巔峰　我們就在與天空伸手可及的距離
踏訪24處世界遺產　閱讀地球最原始的生命記憶

妙語如珠的馬老師

馬老師第一次上「NEWS金探號」時，酷酷的外表，一度讓我真如看到高中導師般充滿敬畏，不敢褻玩焉，深怕節目上玩笑開得太過火，惹怒老師而遭到處罰；不過就在錄影開始後，這老師深不可測啊！對於全球各種古文明、各個世界文化遺產，大到建築外觀，小到雕刻彩繪，馬老師都如數家珍，仔仔細細娓娓道來，重點還根本考不倒，天外飛來一筆地問他氣候環境或是地質科學，活字典立刻幫眾人解答；且在描述各種歷史文化時，還穿插著笑話，時而稱自己為金城武，時而拿自己的高顏值譬喻當地的高鹽質。唉呦！冷酷的外表下，根本就是個天生笑匠來著。

雖然被稱為馬老師，但分享旅遊經驗時，沒有上課的嚴肅枯燥，取而代之的是輕鬆活潑且讓人身歷其境般的享受，也因此每當馬老師要把他的妙語如珠，化身為文字出書時，總是讓眾人引頸期盼，這一回從緬甸兩千多年的佛教歷史談起，到探訪埃及法老的肉身，接著來到柬埔寨氣勢恢宏的神殿，到伊斯蘭教的清真寺建築之美，最後用中國的絲綢之路，巧妙串聯起東西不同的古文明，同時搭配了各種造訪當地的小提醒，這可不只是一本帶您快速探訪古文明的寶典，更是一本強大的旅遊工具書。想要沒有負擔的探訪世界文化遺產，馬老師輕快簡潔的文字，絕對能帶領您盡情遨遊，不僅推薦大家珍藏，更是值得世世相傳，代代傳閱啊！

台視氣象主播、「非凡NEWS金探號」主持人——王軍凱

深入閱讀世界遺產的美好

我主持的「T觀點」節目，當時在規劃世界遺產系列時，力邀的來賓不二人選，就是王牌導遊兼世界遺產知名講師馬繼康老師！我們從埃及的世界遺產開始談起，一晃眼，已經帶著觀眾在新冠疫情期間神遊列國：不管是神祕的印加馬雅文化、古希臘的諸神大戰，或是洗滌身心靈的教堂世遺之旅、巡禮古道之旅，甚至帶有恐怖氣氛的世界遺產，馬老師總是如數家珍。就算主題回到台灣，介紹可以跟世界遺產PK的寶島景點，像是新北的水金九、棲蘭、阿里山等，馬老師也有說不完的故事。我總懷疑自己，不是我也去過嗎？但為什麼先前都不知道這些精采的由來？每次馬老師信手拈來，都讓人心領神會，大家常常聽得出神，覺得意猶未盡！

所以很開心馬老師又出新書，讓我們對更多世界遺產和去旅行的方式，有更進階的了解。從埃及法老王、雅典古城到伊朗清真寺、廈門鼓浪嶼，抑或歷史典故、神話傳說、建築沿革，每一個章節，就是一處歷歷在目的動人景色，這是一本讓我們更方便、更嚮往，也更有理由，在這些世界遺產所在地，多停留一點時間的旅遊書，也是工具書，當然更是一本好看的故事書。

總有人說，以前出去玩，是要把彎路走直，玩的點越多越好；但現在，是要把直路走彎，停留的時間多一點會更好；而未來，不妨先把路的風景、背景都預習好，等待旅行時刻到來，自有不同於以往、更豐富的感觸與收穫！

TVBS資深主播／「T觀點」、「中國進行式」主持人——莊開文

等待曙光升起

二〇二〇年初，正當整裝待發迎接新的一年，期待透過新的旅行規劃造訪或重溫世界遺產，但計劃敵不過一隻肉眼難見的病毒，所有旅行戛然而止，我才發現笑看逝者已矣的歷史雲淡風輕很簡單，但置身其中才發現要全身而退並不容易，這一年，我們都在歷史裡。

世界遺產當然不會消失，甚至少了疫情期間觀光客的壓力，這些世界遺產也能獲得一絲絲喘息的機會，就像防疫要提前布署，我們也期待著疫情解封的那一天，在這之前，我能做的就是趕快把之前的世界遺產記錄下來，為自己也為大家提供未來重回世界遺產不同觀看的旅行角度。

世界變化的速度超乎我們的想像，旅行的方式也不斷變化，在雙子葉植物中種類最多的是菊科植物，雖然外表總有差異，但相同的是菊香總是淡淡芬芳；而在世界遺產的領域中，如同菊花同樣族繁不及備載，雖然背景、保存情況各有不同，但相同的是不管文化或自然世界遺產，都透露出時間的淬鍊雋永，總是能讓每趟旅行行遠必自邇，行久吐芬芳。也許透過世界遺產的旅行，我們才能從中感知時間的流轉，看出文明的演變，找出發展的答案。

馬繼康

CONTENTS 目錄

第一章 消逝的王朝

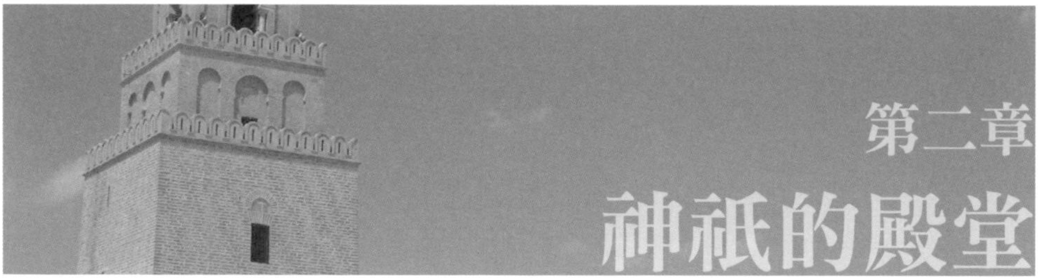

第二章 神祇的殿堂

第三章 難以忘懷的歷史

第四章 美好豐饒的記憶

第一章

消逝的王朝

緬甸
百萬佛塔之國

埃及
法老肉身的不滅神話

突尼西亞
從遺址拼湊迦太基的生活碎片

中國
藏在陵寢中的風水學密碼

緬甸

百萬佛塔之國

項目名稱：驃國古城（Pyu Ancient Cities）
登錄年代：二〇一四年
遺產種類：文化遺產

項目名稱：蒲甘（Bagan）
登錄年代：二〇一九年
遺產種類：文化遺產

01

國名
緬甸聯邦共和國（Republic of the Union of Myanmar）

人口
約五千萬人。

語言
官方語言為緬甸語。

氣候
緬甸屬熱帶季風氣候，三至五月是暑季，六至十月是雨季，十一月至二月是涼季；山地多雨區年降水量達三千至五千毫米，內陸乾燥區五百至一千毫米。

簽證
於evisa.moip.gov.mm網站申請觀光簽證，以英文填寫個人資料，上傳三個月內之彩色兩吋證件照片檔並以信用卡方式繳交規費；觀光簽證費用為50美元，觀光簽證可停留二十八天。

匯率
1新台幣約合45緬元（MMK）。

時差
較台灣時間慢一點五小時。

交通資訊
華航有直飛仰光航班，或可從亞洲各航點轉機前往。

今天的中南半島，除了越南之外，寮國、泰國、柬埔寨、緬甸都是虔誠的佛教國家，雖然台灣的佛教信仰也十分鼎盛，但與中南半島四國卻有本質上的不同。佛教起源自印度，是釋迦摩尼所創，他本是一個小國的王子，信奉的是印度教，鑑於種姓制度的終生不平等，對印度教做出了改革，創立了佛教，之後隨著往東的傳遞路線不同與教義分歧，最終有了漢傳、南傳與藏傳佛教的差異。

漢傳又稱大乘佛教，南傳又稱小乘佛教，所謂「乘」，有「乘載」或「道路」之意。小乘，保持原來的教義，以釋迦牟尼為教主，大乘，則對原來的教義有所修改和發展，認為三世十方有無數的佛；小乘主張渡己修今生，大乘是克己渡人修來世。佛陀在世時，並沒有什麼大乘、小乘之分，而小乘又是大乘佛教所稱，有輕視的意味在裡面，因此小乘多半自稱為上座部佛教。

由於地理位置上向西銜接印度次大陸，上座部佛教傳入東南亞最早的地方便是緬甸，但佛教究竟何時傳入緬甸？由於史料缺乏因此尚無定論，但阿育王在西元前二三八年曾派遣須那迦（Sonaka）和鬱多羅（Uttara）到緬甸地區弘揚佛法，因此佛教在緬甸的歷史可能已有兩千年，影響至今，緬甸佛教信徒占人口比例約有百分之九十，僧人在緬甸具有崇高的社會地位，甚至在政治及族群上挾多數，引發了對於信奉伊斯蘭教的羅興亞人迫害的人道危機。

佛教王國的興盛與衰亡

驃國並非一個統一的國家，而是驃人在上緬甸建立的一系列城邦的統稱。來到卑謬的驃國古代遺址，包括哈林（Halin）、毗溼奴城（Beikthano）和室利差呾羅（Sri Ksetra）這三個磚砌城牆的城市，也是被列為世界遺產的地方，要來這裡可頗費工夫，由於緬甸的道路柔腸寸斷，往往得比預計的花上更多時間才能抵達。

穿著傳統服裝的緬甸女性

故城的遺跡包括宮殿城堡和墓地，但保留最完整的是佇立其間的佛教磚塔，在伊洛瓦底江旁的驃國已發展出農業灌溉系統與集約化組織，形成佛教城市國家，不僅開創以巴利語的佛教文學、建築和禮儀傳統，更進一步傳播到中南半島地區。

在驃國之後，西元十一世紀，於伊洛瓦底江畔的蒲甘地區，是另一個佛教國度的興起，傳說中有著四百萬佛塔之城，這是緬族人於西元八世紀時所建立，西元一〇四四年，王朝歷史中最著名的阿奴律陀王就位後，國勢開始進入全盛時期。

雖然當時佛教傳入緬甸已有一段時間，但蒲甘王朝的宗教信仰仍混合著佛教、印度教和傳統的泛靈信仰，篤信上座部佛教。

當時，由孟人建立的直通王國派遣僧侶前來蒲甘傳教，阿奴律陀王要求對方送他珍藏的佛教經典，在被拒絕後，阿奴律陀王在一〇五七年藉故發兵，直接滅掉了直通王國，帶回大批的僧侶和宗教文物，促成後來蒲甘在經濟文化上的發展，成為稱霸一方的大國。

蒲甘在政治上雖取得勝利，但宗教方面反而歸於上座部佛教為一宗，興建了大量佛塔與寺廟，使得蒲甘成為當時重要的佛教中心及朝聖地。

蒲甘地區的佛教建築成就非常可觀，大致可區分為佛塔（Stupa）、寶塔（Pagoda）、寺院（Temple）、修道院（Monastery）四大類。佛塔多半用紅磚疊築而成，結構紮實，造型簡單，頂呈圓形，用來紀念得道高僧；寶塔則以貯存舍利子及遺物為主。塔的風格不一，而通常在大塔內部或附近設有寺院以供禮拜，大寺院多呈塔型尖頂，彰顯尊貴及社會教化功能。

蒲甘地形開闊平坦，若不是這些佛塔矗立其間，搞不好連神佛都可能迷失方向，實際上，身為凡人的我們，就算看到這些佛塔也很難一一記住，現在雖不復見百萬佛塔之勢，但現存的兩千兩百一十七座也並非一時半刻能分辨與看完的。佛塔與寺廟多半用石頭或磚塊為建材，因此尚能保存，但當

時木造的皇宮與僧院可就抵不過歲月無情的摧殘，留下的多，消失的更不少。

緬甸特有的防曬妙招

天氣炎熱的時候，往來這些佛塔之間著實考驗著旅人——尤其是以自行車或機車代步者的耐性，不過當地人因應這樣的氣候，早就發展出適宜的生存方式：找牆壁和樹蔭遮蔽是基本款，為了消暑，當地不分男女都是穿著筒裙，男生的裙子叫「籠基」，女人的裙子叫「特敏」。穿著筒裙，配上拖鞋，

1．卑謬故城的佛塔
2．室利差呾羅世界遺產碑石
3．故城處入口大門
4．舊佛寺的遺址

信徒為佛像貼上金箔以表虔誠

尤其人字拖更是標準配備，這同時也是緬甸人的國服，無論春夏秋冬都是這樣，連接見外賓也不例外。

原來當地炎熱多雨，再加上緬甸篤信佛教，除了古老的佛塔，更多新建的廟宇，一天要拜很多次佛，而緬甸人進入寺廟前，必須要脫鞋脫襪，不僅當地人需要遵守，連外國人也無例外，為防穿脫的麻煩，乾脆直接穿拖鞋比較方便，為了避免下雨時拖鞋後方濺起泥濘，弄髒了筒裙，因此拖鞋多半都小於腳掌，避免髒污。

還有一個防曬妙招也是緬甸特有，同樣不分男女老少，特別受婦女小孩喜愛。他們會在臉兩邊或額頭塗上一片黃粉，乍看之下以為沒把臉洗乾淨，實際上卻是緬甸人就地取材的天然防曬美容霜，緬甸人稱之「特納卡」，是一種用黃香楝樹樹幹研磨出來的粉末。這種物美價廉的粉末，有清涼、化淤、消炎、止疼、止癢、醫治疔瘡、防止蚊蟲叮咬等多種用途，簡直就是為這裡的生活量身打造。賣香粉的小販不斷示意要幫我往臉上塗抹，我也入境隨

販賣特納卡香粉的小販

俗，兩頰抹上後，確實清涼又有淡淡的芳香，只不過照了照鏡子，為何緬甸姑娘抹上像枝花，而我怎麼覺得自己像是喪屍呢？

佛塔與佛像的百變之貌

蒲甘佛塔的規模與型式變化很多，最早期的佛塔呈現燈泡型及短柱狀，到了十二世紀後，鐘狀佛塔加上三至五階的基座，後來又在基座加上小佛塔，形成今日緬甸佛塔的樣貌。

佛塔不單是信仰中心，阿奴律陀王統治期間，曾建造分別位於東、西、南、北、中五個方位的五座佛塔，作為當時蒲甘城的範圍標示。佛塔多半用來保存宗教聖物，像是佛陀遺物舍利子，或是經書聖典、法器、佛像等；而寺廟就可供信徒入內膜拜冥思，比較小的寺廟佛像在底牆，只設一個出入口，較具規模的中央就有大柱，柱的四面都有佛像對著四方入口；特殊一點的，像是有臥佛的寺廟就呈現

蒲甘佛塔散落在平原之上

長條型，也有直接開鑿岩壁就地禮佛的早期廟宇。寺廟中央大多建造成圓錐塔的形式，象徵宇宙中心的須彌山。寺廟旁還通常有僧院，穿著紅色袈裟的僧人，不知為何特別適合這股寧靜的場景。

寺廟裡當然少不了佛像，佛像人人會做，巧妙各有不同，從材質到姿勢都有差異，材料包括木頭、金屬、石材、磚、漆器、泥塑等，共有行、立、坐、臥四種姿勢，分別代表佛陀傳道、庇護眾生、冥思和到達涅盤。

佛像的手勢也有降魔、無畏、說法、憐憫、禪定等含意。傳說佛陀在菩提樹下即將悟道時，魔王想出各種方法干擾，幻化出洪水、猛獸和種種誘惑，佛陀都不為所動。佛陀以右手覆於右膝，手指觸地，降伏魔王，是為降魔印；食指和拇指合併成圓圈，像現代人說OK的樣子，是為說法印；右手半舉，掌心向外，手指自然伸展，這是讓大家免於恐懼的施無畏印。表示佛的慈悲，滿足眾生祈求的願望，姿勢為手掌自然下垂，掌心向外的與願印；雙手平放、相疊在盤腿上，則代表佛陀冥思禪定的禪定印。

寺廟內的彩繪壁畫有些依舊殘存，從描繪佛陀生平事蹟，到大小不一的佛像尊畫都有，看不清楚沒關係，塔寺外的小販有許多臨摹壁畫的畫作，比起牆上透出的斑駁，細膩度更加傑出。

宗教治國，也許是把雙面刃

佛教強調建造塔寺可以累積功德。塔寺代表佛的「法身」，教徒見塔寺即應視同見到佛教最高的真理，能提供這樣的機會供人得見真理，是有福報的。因此塔寺通常都有石碑記載捐獻建廟者的姓名、捐獻時間以及捐獻物品清單，內容包羅萬象，除金錢、土地外，還有建材、牛隻、棕櫚樹、稻米、佛典、佛像、法器、珠寶等，當真是有錢出錢，有力出力。其實這種心態，不只緬甸，只要是宗教信仰虔誠之地，都普遍存在。

由於塔寺是禮拜崇仰的對象，因此佛教徒望

佛寺中的佛像法像，莊嚴照看著十方眾生

見塔寺即應整衣合掌躬身禮拜，藉外在的建築提醒啟發內在的自覺；雕像和壁畫的敘述故事從事教育民眾的功能，統治階層結合宗教信仰，可以省掉許多政治上的盤根錯節，因為信仰虔誠帶來的純樸民風，也促進了治安的良好。

不過蒲甘王朝在西元一二八七年，遭受蒙古人入侵而滅亡，其中原因之一也是因為信仰太過虔誠，貴族和民間捐贈宗教的財產越來越多，這些捐贈全都免稅，國家的財政因而失衡。過與不及如何拿捏，始終考驗著所有的統治者。

幸而外族入侵並未造成塔寺太大的損毀，反而是大約每兩百年一次的地震週期，成為建築最大的殺手，根據記載，蒲甘在一三九〇、一五九〇、一七七五、一九七五年都經歷過大地震洗禮，最近一次則發生在二〇一六年。古建築用牛毛、牛奶、蜂蜜、和樹漿混合物來累砌磚石，就算重修，是否還是用古工法來進行，也始終存在爭議，世界遺產留下的，永遠是那剎那的吉光片羽。

周邊景點

搭熱氣球

除了從地面上看佛塔，要一覽蒲甘佛塔的最佳方式是搭乘熱氣球，每個人一小時費用大約折合一萬新台幣。Balloons over Bagan是蒲甘最大的熱氣球公司，住宿旅館皆可代訂。

注意事項

1. 美金請帶新鈔，有污垢或摺痕的鈔票可能無法兌換。
2. 進入廟宇服裝不露肩、長裙褲以長過膝蓋為主，室內必須脫鞋，所以穿拖鞋最方便。

廣角側寫

盤根錯節的緬甸民族史

談到近代緬甸，在脫離英國殖民統治後，人權鬥士翁山蘇姬成為這個國家鮮明的國際印象。緬甸是個多民族的國家，官方認定有一百三十五個族群，但在歷史舞台上以四個族群為主：緬族、孟族、傣族及驃族，人口最多的緬族占總人口的百分之六十八，緬族自稱其祖先來自北印度佛陀的部落，從印度阿薩姆進入緬甸境內；中國西南的哀牢人沿湄公河南下，佔據柬埔寨和寮國者成為今日高棉人，進入泰國和緬甸者即今天的孟人。

孟人約於西元前四世紀建立了直通王國，與印度南部和斯里蘭卡通商，後來上座部佛教從斯里蘭卡傳入孟人地區，直通王國也成為信仰上座部佛教的發源地。

西元三世紀，來自青藏高原的驃人在伊洛瓦底江區域建立了驃國（Pyu），定都卑謬，玄奘的《大唐西域記》又稱之為室利差呾羅，有十八個屬國，後來在西元八三二年，戰敗於南詔，唐太宗時驃國使團入貢，還在長安表演了佛教舞樂，在卑謬驃國故城中出土了梵文、「諸法從緣起」的密宗偈語碑文，因此佛教信仰在當時已是普遍的。

埃及
法老肉身的不滅神話

項目名稱：底比斯古城及其墓地（Ancient Thebes with its Necropolis）
登錄年代：一九七九年
遺產種類：文化遺產

02

國名
埃及阿拉伯共和國（Arab Republic of Egypt）

人口
約一億人。

語言
官方語言為阿拉伯語，觀光地區英語及法語皆可通。

氣候

埃及北部屬地中海型氣候，冬冷夏熱；南部屬沙漠氣候，乾燥、日照強，日夜溫差大。冬季（十一月至二月）氣候宜人，是旅遊的旺季。到埃及旅遊適合涼爽舒適的衣著，帽子和太陽眼鏡是不可缺少的裝備。

簽證

可辦落地簽，效期三十天，可持憑六個月以上效期之護照、來回機票證明及美金25元於抵達開羅國際機場通關前申辦。

匯率

1元新台幣約兌換0．54埃及鎊（EGP）。

時差

冬令時期比台灣慢六小時；夏令時期比台灣慢五小時。

交通資訊

台灣無直飛班機，前往埃及首都開羅可搭土耳其航空、阿聯酋航空、新加坡航空，轉機地點為伊斯坦堡、杜拜及新加坡。

悠悠尼羅河，如同淵遠流長的古埃及文明，是全世界最長的河流，全長六千六百四十八公里，是台灣濁水溪的三十六倍長，流經九個國家，埃及是其流經的最後一國。古希臘歷史學家希羅多德就曾經說過：「古埃及是尼羅河的贈禮，沒有尼羅河，便沒有古埃及文明。」

孕育文明的生命之河

尼羅河由南往北浩浩湯湯進入埃及，在開羅附近散開並匯入地中海，以開羅為頂點，西至亞歷山卓，東到塞德港，形成了尼羅河三角洲，這地區被稱作「下埃及」，而開羅以南的狹長河谷地帶則為「上埃及」。從地圖上看，尼羅河三角洲就像是一朵盛開的睡蓮，希臘人把這地區叫做德爾他（Delta），因為形狀很像希臘字母裡的「Δ」，狹長的河谷則是睡蓮梗，睡蓮也是今日埃及的國花。三角洲的形成原因，乃是由尼羅河挾帶的泥沙在入海口日積月累堆積而成。面積廣達兩萬五千平方公里，三角洲地勢低平，土壤肥沃，河網縱橫，占了全國耕地三分之二的面積，其餘的三分之一就是在蓮梗旁向外延伸近十公里的尼羅河淹沒區。

正由於對尼羅河的依賴，古埃及人的活動都在河的兩岸進行。古埃及人信奉太陽神，因此東邊為日出之地，代表新生，一般民居與神殿皆在此處；西邊為日落之處，象徵死亡，以埋葬法老的金字塔及帝王谷為其代表，凡所有建築皆以此信仰概念進行，滔滔河水也是運送金字塔石塊以及巨大方尖碑的最好載具。

古王國時期的首都在下埃及的孟斐斯城，那裡有著名的金字塔；但到了新王國時期，首都遷至上埃及的底比斯作為政治和宗教中心，也是今日的路克索（Luxor，阿拉伯語「皇宮」之意）。在底比斯尼羅河的東岸，法老為阿蒙神和他們自己建立很多壯觀的神廟與宮殿，法老亦在尼羅河西岸為自己百年之後尋找葬身之處，但有鑑於高聳金字塔「此

卡納克神殿的遺址

帝王谷法老墓室的彩繪

方尖碑記載著法老的功績

地無銀三百兩」的引人側目，往往引來盜墓者的掠奪，讓人死後不得安寧，於是墓室低調地往地底挖掘，形成今日的「帝王谷」。

如尼羅河縮影的神殿建築

底比斯主要的神明是阿蒙神（Amon），祂原本只是底比斯的地方神，但隨著底比斯的地位愈趨重要，法老將一切功勞歸功於阿蒙神，上行下效的結果，使得阿蒙神結合太陽神的力量，一舉超越了其他神祇的角色。因此，為了榮耀阿蒙神，也或者說是法老為了與至高無上的阿蒙神取得君權神授的統治正當性，便紛紛興建祭祀阿蒙神的巨大神殿。

對古埃及人來說，神殿是宇宙誕生的縮影，以土磚砌成的塔牆將人隔絕於外，形成神聖的空間，神殿都採東西向，遵循著日出日落的宇宙規則，讓陽光都能射入神殿的最深處，塔牆上通常都刻有法老如何英勇擊退敵人的浮雕，或是記錄其功績的方尖碑。

卡納克（Karnak）神殿是底比斯眾多神殿中規模最大的建築群，它並非單一時期建造，而是由歷朝多位法老持續擴建而成。從高聳塔牆進入的狹長通道，猶如從尼羅河的上埃及行向下埃及，通道象徵尼羅河，塔牆則代表因尼羅河定期氾濫而形成的肥沃土地。

在古代，埃及人根據尼羅河的自然變化將一年分為氾濫季（七月至十月）、生長季（十一月至二月）及旱季（三月至六月）三個季節。每年七月，非洲中部雨季來臨，河水溢流，尼羅河的定期氾濫，待河水退去後會帶來大量肥沃、富含磷酸鹽和腐植質的黑土，農民只要把種子撒在土地上，就能等待收穫季節的收成。

當然，尼羅河也並非如此規律，有時因為氾濫季的提早或變晚，會對農業造成不利影響。歷史上古埃及的興衰，往往都跟農業能否如預期豐收有關，因此古埃及人非常重視水位的測定，希望能預

時空彷彿凝結在剎那

測並掌握這條生命的長河，也在神殿建築中融入了對它的崇敬與仰賴。

神殿內最壯觀的是，由一百三十四根縱橫排列整齊的巨大圓形石柱所構建的多柱廳，讓人覺得彷佛走進石頭森林般。圓柱頂端雕刻出蓮花花苞的圖形，原本多柱廳是有頂的，圓柱上的橫石都依然保留著多樣的色彩，可以想像當時的華麗。北面圍牆刻的是塞提一世在敘利亞和黎巴嫩的戰爭場景，而南面圍牆則是最有名的法老之一——拉美西斯二世對付西台帝國的卡疊什戰役。

談到埃及法老，就不得不談到拉美西斯二世，他在位六十七年，不僅對外開疆拓土，對建築的豐富熱情使他留下了阿布辛貝神殿，今日路克索的神殿也多在他任內進行維修或加建。從巨大的法老像當中，幾乎隨時都可看到拉美西斯二世的身影，卡納克神殿的斯芬克斯大道、象徵阿蒙神的公羊像中間的小神像也是拉美西斯二世，代表政權與神權的完美結合。在埃及，有句玩笑話：「如果看到法老雕像卻不知道是誰的話，只要猜拉美西斯二世應該都能對中十之八九。」可見他好大喜功，甚至可能有某種程度的自戀傾向。

生命起始的推手．聖甲蟲

走到卡納克神殿最深處的神殿中心，供奉著阿蒙神、祂的妻子姆特與兒子月神孔蘇，旁邊的人工湖泊，是供祭司與法老在舉行儀式前淨身的聖湖，聖湖旁還有花崗岩雕刻的聖甲蟲，如果只看好萊塢電影《神鬼傳奇》，肯定看到聖甲蟲就會嚇得魂飛魄散，因為在電影裡，只要牠進入體內，人便會瞬間灰飛煙滅。

但在古埃及，聖甲蟲是太陽日出時的化身，因為牠把動物糞便由小堆大，產卵衍育後代，就如同太陽從地平線升起、由小變大的過程，同樣都蘊含了生命的起始。只見一群人圍著聖甲蟲像不停旋轉，因為據說逆時針圍繞牠走上七圈，心中默念的願望就可以實現。所以恐懼真的是來自於無知，電影情節真的只是娛樂效果而已。

圍繞植物開展的文明

在古代，古埃及人在新年節日奧佩特節（Opet Festival）會把底比斯三神：阿蒙、姆特及孔蘇自卡納克神殿移往路克索神殿駐蹕約二十四天，然後再把神像循原路運回卡納克神殿，沿途任人瞻仰，頗有台灣媽祖出巡繞境祈福的意味。路克索神殿的內牆上就有雕刻慶祝奧佩特節的情景，祭司、歌者、舞者和聖牛組成的遊行隊伍圍繞在神像旁，當時熱鬧場景彷彿躍然牆上。

同樣沿著象徵尼羅河的狹長通道，進入路克索神殿的內部廣場，空間豁然開朗，廣場邊的柱子由代表上埃及的睡蓮造型，轉變為一束束代表下埃及的紙莎草造型，如同來到下游的三角洲。

紙莎草是另一種生長在尼羅河流域的植物，最

牆上刻有生命鑰匙與權杖的符號

高可達四公尺，它的用途非常廣，可以編籃子、蓆子、涼鞋，也能做屋頂、家具和船，然而最主要的用途是製作古埃及最普遍的書寫材料。人們採集紙莎草並去掉外皮後，橫切成段，再切成約兩公分厚的薄片，然後將切片互相疊壓鋪為一層，用水浸濕，再反覆敲砸使莖內的黏液互相黏合，最後再用石頭磨光處理，就是一張可以書寫的莎草紙了。許多的歷史藉由莎草紙得以保存，讓今人得以一窺古埃及的堂奧。

埃及熱，一窺地下墓穴的神祕

尼羅河在以前是生與死的分界，但現在搭著小船五分鐘就能橫越。雖然今日埃及早已不是多神教信仰，而是一神信仰的伊斯蘭教，也沒再區分「活人住東邊，死人住西邊」，但兩岸的建設發展依然可看出極大差異。

路克索西岸除了法老的帝王谷外，還有皇后

巨大柱子上的象形文字

卡納克神殿

谷與貴族陵墓區。帝王谷的出現，其實是因法老擔心自己的木乃伊被盜而無法順利復活所做的隱藏設計，但道高一尺，魔高一丈，多數的盜墓者都是曾參與陵墓建造的工匠，所以六十四座地下墓穴幾乎無一處倖免。

唯獨一九二二年，英國考古學家卡特發現的圖坦卡門墓，奇蹟般地保存完整，鍍金馬車、床、武器、涼鞋等五千多件古物出土，在當時掀起一陣埃及熱。如今墓室裡只保留了圖坦卡門的木乃伊，其他文物，包括最出名的黃金面具，已全部置放在開羅博物館內的圖坦卡門專區供遊客參觀。

地下墓穴並非全部開放，每次購票只允許進入三座地下墓室，但若要參觀圖坦卡門墓 KV62（唯一沒被盜墓），塞提一世 KV17（壁畫保存最好）及拉美西斯六世 KV9（兩個法老共存一墓）的墓穴，則需要另外購票。

壁畫的祭神儀式

心臟死後的重量

在古埃及，不管是王公貴族還是販夫走卒，死後都必須接受冥王歐西里斯的審判。人們相信，審判時會在冥王前將心臟與正義女神瑪特的羽毛秤重，若是心臟較重，代表生前壞事做太多，心臟會被怪獸阿米特一口吞噬而無法永生，因為心是思考的泉源，亦是靈魂的所在；反之，便能上天堂。因此帝王谷墓穴的通道雖然設計都各有巧妙，但在牆上通常都刻有《死亡之書》，這是為了教導死者在前往陰間途中，如何保護自己，避免路上妖魔的危害；以及審判時如何應答神明的問題，甚至欺騙神明而產生的咒文。

新王朝是古埃及發展極其燦爛的時代，思想、財富、權力、疆域都曾經轟轟烈烈。就算法老們處心積慮地延續信仰帶來的永生，但依舊不敵現實裡統治階級的腐敗以及祭司階級鬥爭所帶來的衰落，導致古埃及自此走向紛爭多擾，外患不斷入侵的暗黑時期。如今看來還好有底比斯的存在，讓後人可以一瞥如日當中的新王朝時期。

周邊景點

熱氣球

在路克索搭乘熱氣球，可一覽無遺的欣賞尼羅河，還有散布在東西兩岸的古蹟建築，遠方的撒哈拉沙漠與帶狀的河谷綠地形成強烈對比，與土耳其的卡帕多奇亞、肯亞的動物大遷徙，並稱世界三大最值得搭熱氣球觀看的風景。

注意事項

1. 博物館、旅遊室內景點，都有限制閃光燈照相，而部分的室內景點拍照、攝影則都必須付費。
2. 埃及為信奉伊斯蘭教的國家，所以衣著請盡量保守。
3. 由於氣候乾燥，所以請務必要攜帶乳液、護唇膏、肌膚保養品及保濕用品。
4. 不願意的話，請斷然拒絕陌生人主動的幫助，因為埃及人非常熱衷於賺小費。
5. 買東西前，請先問清楚價錢單位是埃及鎊或是美金。
6. 埃及男性對女性觀光客通常「相當」熱情，如果女性觀光客遇到太熱情的埃及男性，請以堅決的態度拒絕，通常能迴避掉大多數無謂的困擾。

突尼西亞

從遺址拼湊迦太基的生活碎片

03

項目名稱：迦太基遺址（Archaeological Site of Carthage）
登錄年代：一九七九年
遺產種類：文化遺產

項目名稱：克觀城及其陵園（Punic Town of Kerkuane and its Necropolis）
登錄年代：一九八五年
遺產種類：文化遺產

國名
突尼西亞共和國（Republic of Tunisia）

人口
一千一百萬人。

語言
阿拉伯語及法語。

氣候
北部屬於夏乾冬雨的地中海型氣候，南部屬熱帶沙漠氣候。

簽證
突尼西亞簽證需送日本大使館辦理，可自辦或請旅行社代辦。

匯率
1新台幣約合0.1突尼斯第納爾（TND）。

時差
較台灣慢七小時。

交通資訊
台灣並無直飛班機，通常經由阿聯酋航空於杜拜轉機即可抵達。

地中海是全世界最大的陸間海，被亞洲、非洲及歐洲包圍，所以從古代開始，這裡的海上貿易往來就十分繁盛，包括古埃及文明和古希臘文明，後來羅馬帝國建立了橫跨歐亞非三洲的大帝國，地中海更變成內海，羅馬人更把它稱為「我們的海」。

住在地中海沿岸的腓尼基人、克里特人、希臘人，以及後來的葡萄牙人和西班牙人都是航海王，海洋不只帶來財富，更帶來寬廣的視野，也發展出特殊的氣候（地中海型氣候）及飲食習慣（地中海飲食）。

今日環繞地中海的國家多達數十個，但以往的數量還要更多，都是以城邦國家的形式存在，在西亞的腓尼基（Phoenicia）如同希臘一樣，不是一個國家，而是一個文化圈，腓尼基人創造的腓尼基字母，是希臘及拉丁等西方文字的始祖。他們融合東邊兩河流域的楔形文字和西邊古埃及的象形文字，在商人的實用性格驅使下，汲取出二

1

十二個字符演化為腓尼基字母，用簡單符號有效率地來記錄傳達信息。

與羅馬帝國的多次衝突

腓尼基以其文化影響力，在今日敘利亞和黎巴嫩建立許多城邦，而且也積極向外拓展殖民地，最有名的要算是在突尼西亞的迦太基（Carthage）。

迦太基是腓尼基語中「新城」的意思，據說蒂朵女王（Dido）率領眾人自腓尼基的城邦泰爾

1．克觀遺址緊鄰地中海邊
2．羅馬人留下的馬賽克拼貼
3．迦太基克觀遺址的住家澡盆
4．克觀遺址一隅
5．坦尼特女神的標誌

2

4

3

5

羅馬雕刻入木三分

（Tyre）出走，來到迦太基，跟柏柏人要求一張牛皮大小的落腳地，沒想到蒂朵女王將牛皮裁切為線，圍出一大塊地，先是成為腓尼基的藩屬國，後來脫離腓尼基正式獨立。

迦太基實力增長仰賴的是其得天獨厚的地理位置，這突出的半島除了正好與義大利的西西里島遙遙相對，也是進出東西地中海的必經通道。迦太基前期主要與希臘爭奪地中海貿易霸權，後期的競爭對象則轉為羅馬，但無論如何，在長達五百年的時間裡，地中海西部始終是迦太基掌握的勢力範圍。

一山難容二虎，地中海雖廣大，但難免狹路相逢，隨著羅馬共和國的逐步建立，羅馬人對於自己的政治制度和軍隊實力愈來愈有自信，在碰到海洋強國迦太基時，猜忌與衝突的發生只是遲早的事，對迦太基來說，與羅馬的三次布匿戰爭，正是對其生存一次又一次地敲響喪鐘。

導火線來自於一群來自義大利的僱傭兵占領了西西里島東北角的墨西拿城，並不斷侵擾附近城邦，島上的另一座城邦敘拉古因此出兵圍攻墨西拿，後者只好同時向羅馬和迦太基求救。最初羅馬拒絕了他們，不過迦太基反而同意協助墨西拿，使得羅馬不得不參戰，因為迦太基勢力若擴及到整個西西里島，對在義大利半島的羅馬會產生直接威脅，這便是第一次布匿戰爭，地中海兩強對抗從西元前二六四年持續到二四一年，前後長達二十三年之久，雖然雙方都大傷元氣，但羅馬最終取代迦太基成為地中海中最強國。

迦太基的四面楚歌

迦太基在失去西西里島後，轉往伊比利半島發展，不是冤家不對頭，在伊比利半島還是碰到了羅馬欲擴張領土，雙方基於利益，終究無法避免衝突發生。迦太基在名將漢尼拔帶領下，放棄傳統的海路進攻，出奇不意地帶領五萬名步兵、九

巴杜博物館

迦太基遺址港口的想像圖

千名騎兵和三十七頭大象，從西班牙出發，耗時五個半月時間，行軍一千六百餘公里，穿越庇里牛斯山和阿爾卑斯山，渡過隆河，於西元前兩百一十八年到達義大利北部波河河谷。

羅馬人作夢也沒想到這不按牌理出牌的招，聽到漢尼拔就聞風喪膽，據傳羅馬人都會說：「漢尼拔到城門了！」來嚇唬小孩，跟我們說警察來了是一樣的恐嚇心理。

西元前兩百一十六年的坎尼會戰，迦太基大敗羅馬軍隊，數萬名士兵被殲滅，羅馬兵力損失慘重，許多義大利半島盟邦倒戈而與迦太基結盟，自此之後羅馬改變戰略，一方面減少與迦太基的正面衝突，另一方面阻斷其軍需物資補給，西元前二〇二年，大西庇阿於札馬戰役擊敗漢尼拔，第二次布匿戰爭多年鏖戰的結果，勝利女神還是選擇了羅馬這一邊。

迦太基除了撤離西班牙、地中海諸島，甚至也失去非洲外的一切領地，要進行任何自衛戰爭前，還必須先和羅馬協商，並且支付巨額的戰爭賠款。

另一方面，迦太基與鄰國努米底亞的國王馬西尼薩也因為邊界的問題起了衝突，迦太基受非羅馬同意不能進行戰爭條約的束縛，找來羅馬調解，但結果卻完全不利於自己，於是西元前一四九至一四六年，第三次布匿戰爭爆發，一開始迦太基委曲求全，交出人質以及所有的戰備，但仍被對方要求向內陸遷移大約十五公里。迦太基無法接受，決定發動戰爭，被圍城三年之後仍被攻下，五十萬人最後只剩下五萬人，迦太基人被賣為奴隸，羅馬人放火燒城十七天，據說灰燼有一公尺深，這樣還不夠，羅馬人把灰燼鏟開，在上面撒鹽，詛咒迦太基永遠不能復活，迦太基領土最後成為了羅馬的阿非利加行省。

成敗關鍵：人心的聚散

羅馬獲勝的原因，有很大一部分在於羅馬人的公民愛國心，羅馬在馬略以募兵制取代徵兵制之前，實行的是兵農合一的公民兵制度，按照古羅馬傳統，一旦有戰爭爆發，執政官就必須從合格公民中臨時徵召一支軍隊，所有戰士還必須自行負擔武器裝備的費用，因此從軍也是羅馬人民保有自身政治權力的重要依據。

這以現在眼光來看，都是不可思議的事，但相較於迦太基多以傭用雇兵為主，既並非自己的子弟兵，當然就是拿錢辦事，沒有任何對文化與國家的使命感，在戰鬥意志方面當然不如羅馬。

像在第二次布匿戰爭中，名將漢尼拔攻打至義大利，也幾乎沒有得到國家的援助，除了迦太基在軍事條件上無法突破羅馬的海上封鎖，領導階層更擔心漢尼拔勢力太過龐大，萬一擁兵自重，會威脅到自身利益；而羅馬軍隊由執政官率領，執政官由元老院選出，一次有兩名，互相制衡，而軍隊又屬於自己的國家，在戰爭中較能全心全意面對敵人，不會參雜政治上的權衡得失。雖說制度沒有絕對好壞，都各有利弊風險，但在歷史的十字路口，迦太基顯然沒有選對道路方向。

迦太基靠航海貿易富到流油，「有錢能使鬼推磨」這句話正好可以描述這個國家，政治權力掌握在富人手中，富人再透過權力創造財富，同時也不忘施捨一些財富給平民堵住悠悠之口，因此造成了上下階層對世事的冷漠和沒有歸屬感，國家只是有錢人創造利益的工具，發生危難也覺得事不關己。而且迦太基人民生活安逸，不願從軍吃苦，更遑論自掏腰包上戰場了，所以戰爭比的不是誰有錢而已，有時還包含了勇氣與心理素質。

敗者的下場，文明的同化

如今的迦太基遺址是在羅馬徹底摧毀迦太基百年後所重建，雖然羅馬是贏家，但對迦太基，卻始終存在著一種揮之不去的夢靨，害怕他們可能會捲土重來，直到凱撒讓退役士兵進入這塊殖民地，才促成了迦太基的羅馬化。來到這裡，所能看到的迦太基遺址並不多，多半都已是羅馬化的城市遺跡，在考古公園裡面有安東尼羅馬浴場、小禮拜堂、迦太基墓葬區、德非祭壇、迦太基港口等，需要豐富的想像力與背景資料才能夠身歷其境。

灰撲撲的斷垣殘壁很難讓人在腦袋中重組原貌，但以馬賽克館藏著名的巴杜（Bardo）博物館，裡頭有不少關於迦太基時期的珍貴史料，可以看到馬賽克在不同時期的演變過程與差異，算是有圖才有真相。早期的馬賽克多以幾何圖案為主，到了後期，從希臘神話故事到生活周遭的事物，皆可以成為創作的題材。

馬賽克也從原本只是公共空間的裝飾，大量鋪設在廣場、公共澡堂裡；到了羅馬帝國中期後，成為了市井小民自家牆壁懸掛或覆貼的藝術品，甚至更是最早商店招牌的起源。

聖路易主教座堂

全盛迦太基時期的想像圖

克觀陵園——迦太基的真正靈魂

迦太基遺址逝者已矣，留有靈魂卻沒有軀體，突尼西亞另一處的克觀（Kerkouane），反倒是更容易理解迦太基人生活的世界遺產。在克觀遺址的一處住宅地板上，有幅馬賽克拼成的塔尼特女神（Tanit）符號，使得當年考古學家足以確認這裡是一座屬於迦太基的遺址。塔尼特是迦太基文化中最受敬重的神祇，象徵生命與豐饒，典型圖騰樣式是擬人化的太陽與月亮。

現存的遺跡多是西元前三到四世紀的產物，整座城鎮由兩道厚實的城牆圍繞，是當時為防禦希臘人攻擊所建，許多房屋裡都擁有私人的浴缸，而且令人羨慕的是，浴缸的擺放位置多有美麗的海景可以欣賞，可想見他們除了注重潔淨和隱私，還懂得享受生活，整個城鎮的水利衛生設施，也相當完善出色。

克觀是一座約有兩千位居民的濱海城鎮，人

數雖不多，但從輪廓看來，城鎮是經過規劃的，可惜的是在第一次布匿克戰爭後就被棄置，卻也因此成為僅存的迦太基城鎮遺址。也別小看它，因為被羅馬徹底摧毀的迦太基，殘存下來的史料，大多為敵視迦太基的希臘和羅馬作家所撰寫，對迦太基評價偏頗毫不意外，因此克觀遺址對於研究迦太基人的文化，更顯得彌足珍貴。

德菲祭壇

周邊景點

突尼斯麥地那

麥地那（medina）是阿拉伯文中「城市」的意思，這些在中世紀回教帝國所興建的舊式建築區域，直到現在依舊是城市居民生活重心，除了各式民生必需品都可在這兒採買外，還有許多大小不等的清真寺。

西迪布賽（Sidi Bou Said）

距離首都突尼斯東北方十七公里的西迪布賽小鎮徹底打破以灰黃色調為主的非洲刻板印象，反而讓人融入了像是身處地中海小島般迷人的藍白風情，許多當地的藝術家與作家也看中了這個寧靜純樸的小鎮，鎮上有許多小型的畫廊與博物館，儼然成為突尼斯的蘇活區。

注意事項

1. 突尼西亞為一開放的伊斯蘭教社會，男女平等，但女性參觀清真寺時，仍需注意衣著，不宜暴露。
2. 進入遺址或博物館時則須收取相機費（拍攝費用）。

廣角側寫

價值千金的骨螺紫

貿易最大特色是截長補短，互通有無，如果兩地貨物都是大同小異，貿易雖然能繼續，但可能只會淪為價格競爭，彼此都沒利潤可圖。從迦太基如此仰賴貿易，可推斷地中海各地區域的文化及生活差異，應該才是其貿易網絡壯大持續的奠基石。

日後在羅馬帝國統治下的地中海世界，漸趨同質化，外銷轉內需市場，所建構出的貿易實力當然也就截然不同。西元前二〇一年，迦太基在第二次布匿戰爭敗給羅馬，被處以一萬塔藍特的鉅額罰款，大約是二十六萬公斤的銀，分五十年還清，然而迦太基卻能從破敗中迅速恢復，十年之內便付清罰款，可見其經濟實力的確不可小覷。

在眾多貿易商品中，最特殊且昂貴的要數一種紫色布料，「腓尼基」一詞的原意就是紫色，這種被稱作「泰爾紫」的顏色，染料色澤持久，比植物和或礦物染料都更容易定色，最常見是由紅口岩螺和染料骨螺萃取而來，由於製程繁複，取得原料也不易，光是提煉一點五公克的染料，就需要一萬兩千隻海螺，因此染成紫色的布料與等重黃金同價。

紫色在古代是非常貴重的顏色，從羅馬皇帝、拜占庭皇室，一直到歐洲中世紀的主教，只有少數人買得起，據說所羅門王的聖殿就使用腓尼基人織染的紫色布幔裝飾，可惜的是，製法現在早已失傳，再也沒有機會見到了。

中國

藏在陵寢中的風水學密碼

項目名稱：明清皇家陵寢（Imperial Tombs of the Ming and Qing Dynasties）
登錄年代：二〇〇〇年
遺產種類：文化遺產

04

國名
中華人民共和國（People's Republic of China）

人口
十四億人。

語言
中文。

氣候
北京四季分明，冬季乾燥，春季多風，夏季多雨，秋季晴朗溫和，每年九至十月，秋高氣爽，氣候宜人，空氣質量最佳，是一年中最美的季節。

簽證
持有效之台胞證。

匯率
1新台幣約合0.2人民幣（CNY）。

時差
與台灣無時差。

交通資訊
台灣有多家航空公司直飛前往北京。

從古至今，從西方到東方，不同文化下生活的歷史，其實都是競逐權力的過程紀錄，而當掌握權力後，又受限於有限的生命，總希望能夠透過延長壽命的追求，永遠享受權力甜美的果實，就算無法逆天，也多有視死如視生的概念，生前過怎樣的生活，死後也希望能比照辦理，甚至要過得更好，因為人辛苦了一輩子，好歹往生後不要再過著勞碌命的生活。

所以現在的人過世後，子孫也會燒美金、信用卡、紙紮的別墅、跑車、僕人等，都是希望逝者在另一個世界能夠過著優渥無虞的生活。平民百姓尚且如此，更何況貴為皇帝的天子們，他們死後依然眷戀江山與榮華富貴，也希望帝陵下葬的風水寶地的福分能夠繼續地庇蔭皇子皇孫，讓國祚能夠綿延不絕。

雖然我們回顧中國歷史，歷經朝代更迭，也沒有哪一個朝代真正因為祖先葬得好而傳世千年，但就跟拜拜的道理一樣：有拜有保庇，在以往敬天法祖的倫理規則運作下，就算子孫不爭氣沒有守住江山，也絕對不會怪罪在祖先身上，若是葬得不好，子孫就會怪東怪西，怪祖先沒有庇佑，讓他不能成為靠爸一族。

死後的永續地底王國

縱觀各個朝代，有些是皇帝在世時就已經動工修陵，像是漢、唐；有些則是死後再開始，像是宋。一般來說，前者的陵寢規模都比較恢宏有派頭。

到明朝時，中國又恢復了預造陵寢的制度，並且將漢唐兩宋時期的封土由方形改為圓形，以適應南方多雨的地理氣候，不至於讓雨水往下流，浸潤墓穴；明、清兩代也修訂了陵寢制度，包括增設祭奠設施、增加院落及寶蓋式屋頂，更加注重地理環境，希望陵寢能與風水寶地結合，達到天人合一以及福延社稷的境界，是中國陵寢建築的顛峰時期。

明朝帝王的陵寢都沒有遭受盜墓的破壞，是因

康熙御筆親題治隆唐宋碑

幽深的通道埋葬無盡的歲月

明孝陵的石刻

明朝對陵寢保護比以前更加嚴密和制度化，例如：圖謀毀壞陵寢的，一律凌遲處死，偷盜御用祭器的，一律斬首，連外陵盜砍樹木的也是斬首，家眷發配邊軍，專門設有的陵寢保衛的陵衛軍也如同天羅地網，自然讓盜墓者不敢越雷池一步。明太祖朱元璋從一介皇覺寺小和尚，成為建立明朝的平民皇帝，最後定都南京。南京為六朝古都，在朱元璋爭天下時，聽從了謀士「廣積糧、高築牆、緩稱王」的建議，南京城素有「石頭城」美名，龍蟠虎踞且固若金湯，不只生時，死後當然也得埋在這座他起家的城市，據說他與劉伯溫在南京尋找龍穴，最後落腳在紫金山，成為他的長眠之所。

明孝陵氣勢恢宏，其建築形式也為後來的明十三陵與清陵奠定了基礎，成為往後陵寢興建的仿照風格。明朝律法規定，親王或官員來到南京都必須謁陵，過陵犯禁及失禮者各有懲處，下馬坊是明孝陵的入口，牌坊門額上寫著諸司官員下馬，顧名思義所有人都必須步行謁陵，過了大金門，便能見

1

到明成祖為了攏絡人心而立的「大明孝陵神功聖德碑」，兩千七百四十六字的碑文，除了為父親歌功頌德，也同時替自己正名。

雖然明成祖在中國歷史上雖算得上是賢君，但因他以謀篡方式取得帝位，成了他一生中最大的污點。朱棣本來受封北京為燕王，即位後，即將首都自南京遷往北京，除了可以固守勢力範圍，據說也是愧對他老爸，有沒有上演內心戲不得而知，但之後的明朝皇帝，就都葬在北京近郊的明十三陵了。

1．明孝陵神道
2．神道上的駱駝像
3．神道上的石象
4．神道上的石麒麟

龍穴寶地，萬年吉壤

孝陵神道為迂迴狀，從空中鳥瞰像是北斗七星，其實是為了避開梅花山的三國東吳大帝孫權之墓，也是依山勢作迴轉曲折的布置。除了朱元璋、孫權外，國父孫中山的中山陵也選中了這裡，可見英雄所見略同，紫金山確實是龍穴寶地。

神道上有十二對動物石像，依次為獅（獸中之王，顯示威嚴）、獬豸（辨別是非，公正不阿）、駱駝（疆域遼闊，西域安寧）、象（堅如磐石，江山穩固）、麒麟（吉祥光明）、馬（南征北戰、統一江山），每種動物各有一對站立及跪臥，據說每到午夜十二點，站立與跪臥的會交換姿勢為明太祖守墓，石獸之後又有望柱一對、武臣二對、文臣二對，陪朱元璋在陰間繼續上朝。明孝陵神道的這些大型雕像，最重的達八十噸，當時為了將這些石頭運抵明孝陵，工匠們選擇冬季，在路面上灑水結成冰，再用粗大的木頭作滾輪，一路用人力推滾的辦法來完成運輸任務。

秋天是神道最美麗的時刻，這裡種植烏桕、櫸樹、銀杏、三角楓等樹種，紅的三角楓，黃的烏桕，金的銀杏，紫紅的櫸樹，還有常青的圓柏，融合成秋天南京的標誌性的色彩。通過櫺星門，便是陵宮區，日、德、義、英、法、俄六國文字鐫刻的特別告示牌，是一九〇九年兩江洋務總局為了讓明孝陵不要步上八國聯軍火燒圓明園的後塵而設置。

清朝滅掉明朝後，康熙和乾隆都曾經到明孝陵謁陵，康熙六次下江南，曾五次前來，除了行三跪九叩大禮，還留下了「治隆唐宋」的石碑，作為異族統治的外來政權，也為了攏絡漢人強調正統，清朝統治者深諳此道，必須給予前朝帝王更多的禮遇。明孝陵遭受到最大的破壞是在太平天國之亂時，當時南京為主戰場，所有木造建築幾乎毀於一旦，只有磚石結構倖免於難。

朱元璋除了死後想透過風水寶地延續基業外，生前就已經對明朝國運精心規劃，按照陰陽五行木

神道上的武臣

生火、火生土、土生金、金生水，水再生木的概念，後代子孫的名字也依此命名，希望朱家能生生不息、源遠流長。例：明成祖朱棣（木）、明仁宗朱高熾（火）、明宣宗朱瞻基（土）、明英宗朱祁鎮（金）、明憲宗朱見深（水），到明孝宗朱祐樘（木）又再度依照這樣的輪轉，直到最後一位皇帝，明思宗崇禎皇帝朱由檢（木）。

明太祖的廬山真面目

現代陵墓多半都有亡者照片供追思緬懷，但以前沒有相機，流傳後世只能是畫像，明太祖到底長什麼模樣？其實畫像版本眾多，而且也是天差地遠：有著麻子臉，鞋拔下巴的怪異畫像，可能是清朝為了醜化其形象而畫成的，畫風較為粗糙，且服

奇醜無比的朱元璋

飾搭配並非明朝，更重要是，這樣鬼見愁的畫像，在明朝有哪個畫家敢畫？搞不好弄個滿門抄斬也説不定。

官方標準版比較像是宮廷畫家的水準，而有趣的是，從歷代明朝皇帝的畫像看來，沒有一個長得像朱元璋這樣醜陋，要知道，基因遺傳的力量十分強大，所以官方標準版可能必較接近真實，雖然可能還是有美化的嫌疑，但現在人不也是拍照完要修圖，或是用美肌軟體讓自己看來更不接近真實嗎？

阿里巴巴創辦人馬雲曾説：「你成功了，放個屁都有道理；你失敗了，再多道理都是放屁。」歷代君王畫像每個都是英明神武天生帝王相，當上皇帝，長得再醜都是金城武，流落街頭長得再帥，也不過就是一個叫化子，無怪乎權力是最好的春藥。

要證明朱元璋與標準畫像會不會差得太遠，最佳的方式就是把明孝陵地宮打開，把遺骨用現代科技技術繪製想像圖，真相就能大白，不過説起來容易，為何做不到呢？因為明十三陵中明神宗萬曆皇

明太祖寶塚

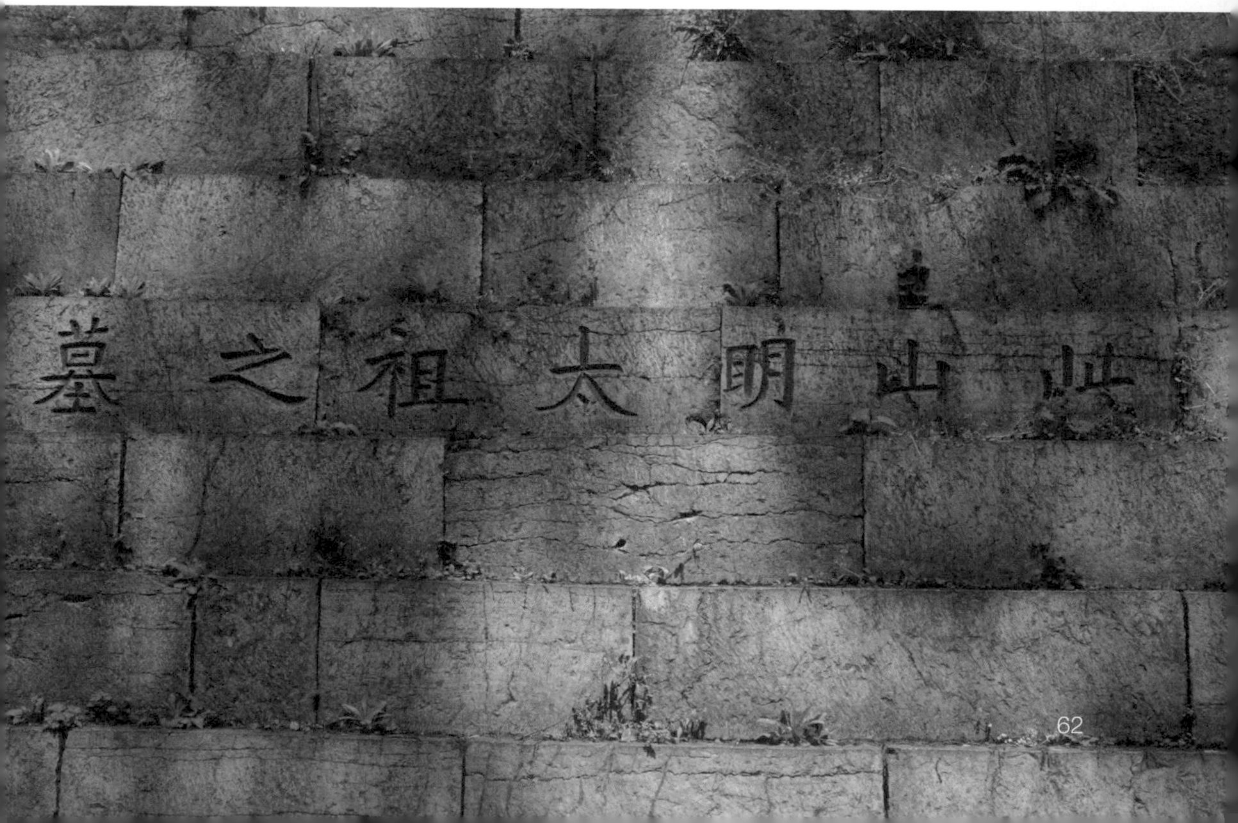

帝的定陵，就是一個失敗慘痛的例子。

明神宗的兩次死亡

明十三陵唯一被開墓的是神宗萬曆皇帝，為何只開他的陵寢呢?因為他統治了明朝四十八年，是明朝皇帝中在位最久的，所以考古團隊揣測明定陵中的考古資料應該也最豐富齊全。但在一九五七年時，由於考古技術落後，再加上密封已久的地宮被打開，內部原本幾乎真空的狀態失去了平衡，跟空氣接觸的結果，絲織品都迅速變硬破碎且朽化，金屬品也都氧化變黑，出土的大批文物多數都無法保存。中國經過這考古史上的一大悲劇後，國務院總理周恩來下令禁止：在還沒有找到最佳方法保存出土古物之前，所有帝王陵墓是不准挖掘的。

明神宗的悲慘命運不只如此，一九六六年文化大革命爆發後，保存在定陵文物倉庫中的萬曆帝、后屍骨被紅衛兵以「打倒地主階級的頭子萬曆」口

斑駁牆面訴說著歷史春秋

號揪出，一把火燒個精光，倒楣的神宗皇帝前後死了兩次，一次土葬，再一次火葬，這一番折騰，可能再也無法在天上和歷朝歷代祖先們團聚了，也讓人看到了政治動員造成的精神狂亂與行為淪喪。

每座帝陵都像是一顆時光膠囊，皇帝希望吞了它能夠在另一個世界長生不老，歷史學家吞了它希望了解皇帝的豐功偉業。中文字十分有意思，人生前居住的地方叫做「家」，而人死後安眠的地方則稱作「冢」，古人基於人死而靈魂不滅的觀念，祖先死後，講究入土為安，墳墓是在另一個世界的住所，稱作「陰宅」，必須像「陽宅」一樣，甚至更加重視，方寸一坯土顯現了封建社會的宇宙觀、生死觀和道德觀。

周邊景點

八達嶺長城

是開放最早的一段長城，也是至今為止保護最好，最著名的一段明代長城，八達嶺和附近的長城被稱為燕京八景之一的居庸疊翠。

北京故宮

紫禁城是明清兩朝二十四位皇帝的皇宮，始建於明成祖永樂四年（一四〇六年），為世界上現存規模最大的宮殿型建築。一九八七年入選《世界遺產》名錄，被列為世界五大博物館之一。

注意事項

1. 北京景區會有很多向你發放旅遊小廣告或用便宜價格吸引你去十三陵、八達嶺一日遊的行程，千萬不要上當，一定要記住「便宜沒好貨」的道理。
2. 入境中國規定搭機旅客無論是手提或托運都不能攜帶打火機或火柴盒，還有暖暖包，違反規定者會罰款，千萬注意。

廣角側寫

明朝陵寢的戶口普查

明朝共有十六位皇帝，但南京的明孝陵加上北京近郊的明十三陵，卻總共才十四座陵寢，這究竟是甚麼原因呢？

明太祖朱元璋傳位給太子朱標之子明惠帝朱允炆，後來燕王朱棣，也就是明成祖發動靖難之變篡位，惠帝下落不明，也就沒有在十三陵中；而明英宗親征瓦剌，被瓦剌俘虜，是為土木堡之變，朝廷不可一日無君，所以另立代理皇帝明代宗，怎知瓦剌釋放明英宗，造成國有二君的窘況，後來明英宗發動奪門之變成功復位，敗者為寇的明代宗當然也就沒有入祀明十三陵。

除了葬帝、后、嬪妃之外，明十三陵最特別的是還有葬一位太監，是明朝末代皇帝崇禎的親信太監王承恩，在李自成攻入紫禁城後，崇禎帝自縊於煤山，王承恩也伴隨左右自縊而亡，為了旌表王承恩殉難從死的忠君行為，葬在思陵旁，成為帝陵中極為特殊的例子。

第二章

神祇的殿堂

菲律賓
亞洲化的巴洛克建築

印尼
絢爛神話的共演舞台

柬埔寨
叢林深處的豐饒王國

伊朗、土耳其、突尼西亞
清真寺的建築巡禮

菲律賓

亞洲化的巴洛克建築

項目名稱：菲律賓巴洛克教堂（Baroque Churches of the Philippines）
登錄年代：一九九三年
遺產種類：文化遺產

05

國名
菲律賓共和國（Republic of the Philippines）

人口
約一億九千萬人。

語言
菲律賓語（Tagalog），但大部分人都會說英語，且英語指標普及。

氣候

菲律賓氣候只分兩個季節，每年十一月至翌年五月為乾季，六月至十月則屬雨季，雨季要留意颱風及雷雨。

簽證

觀光簽證分為三十天效期電子簽證及五十九天效期紙本簽證，費用各為台幣１１００元及１２００元。

匯率

1新台幣約合1.7菲律賓比索（PHP），可先在台灣的銀行換披索，但匯率不佳，建議可先以美金到當地兌換較方便，可在銀行或民營匯兌處辦理。

時差

和台灣同一時區，無時差。

交通資訊

華航、長榮、菲律賓航空都有航班至首都馬尼拉，亦有廉價航空航班。

西元一四九二年，哥倫布發現新大陸，揭開了人類文明史中海權時代的序幕，其後，來自歐洲的荷蘭、西班牙、葡萄牙，也接二連三地開始尋找前往東方的新路線。甘冒風險前仆後繼前來的，除了覬覦於龐大商業利益的商人外，更多的是宗教改革後，滿懷熱情傳遞福音的新教派傳教士。在這樣的動機驅使下，從此改寫許多國家的命運及形塑了如今的面貌。

大航海時代的霸權角力

葡萄牙的航海路線沿著非洲西岸一路南下，繞過好望角，分別在阿拉伯半島、印度半島及中南半島都留下了足跡，建立殖民地；而西班牙則前進中南美洲，因此今日的中南美洲除了巴西之外，官方語言幾乎都是西班牙語。

為何兩方勢力如此涇渭分明呢？原來是當時西班牙與葡萄牙為了海外利益，不時發生衝突，最後

西班牙人帶來了天主教信仰

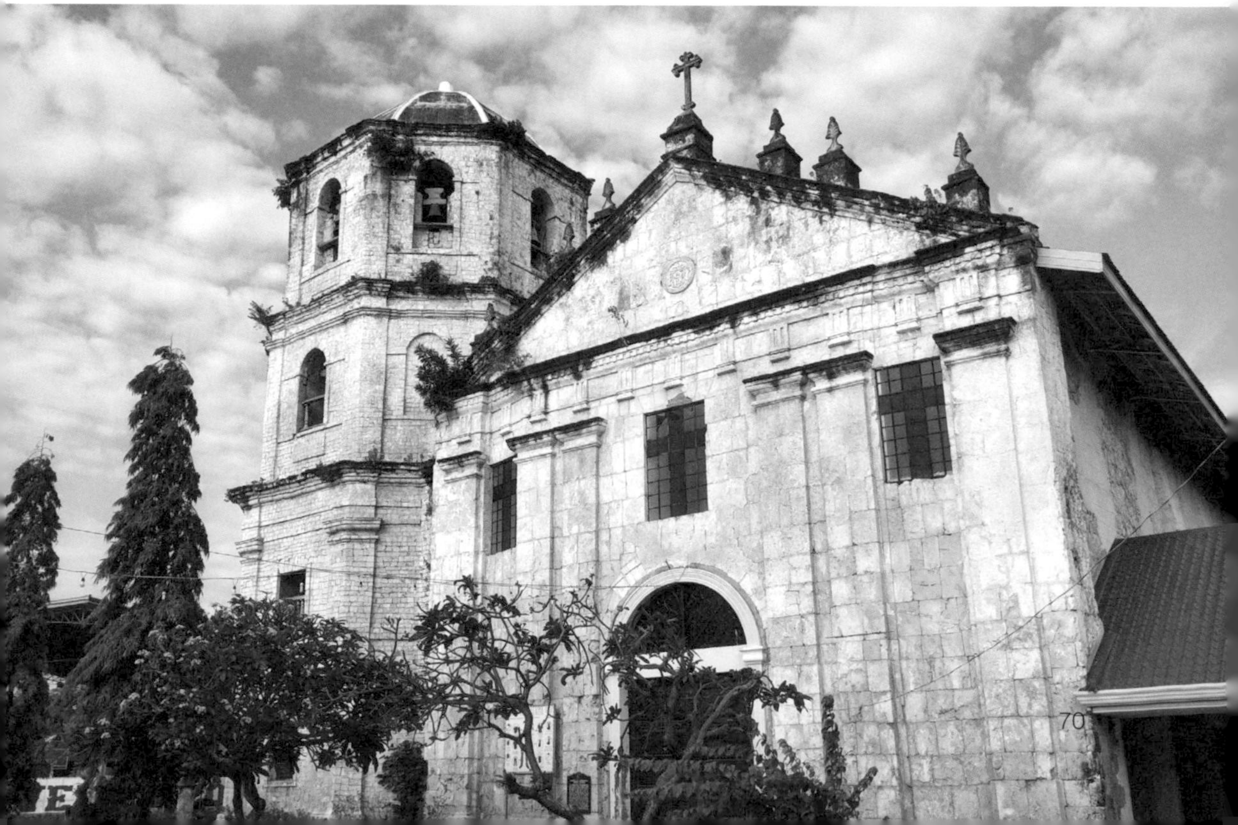

經由教宗亞歷山大六世的調解，於一四九四年在西班牙小鎮托德西利亞斯簽訂《托德西利亞斯條約》，以瓜分新世界。

條約規定兩國以西經四十六度三十七分為分界，以西歸西班牙，以東歸葡萄牙，這簡直是坐地分贓，完全不問當時居住於此的原住民意見，帝國的蠻橫無理可見一般。在這些海外殖民的淘金者心中，只要是可傳教控制、占領掠奪或奴役利用的處女地，就會不由分說地成為他們的禁臠。

雖然雙方簽訂已協議，但在通往東方的路徑上還是需各憑努力。西元一五二〇年，麥哲倫帶領西班牙艦隊從歐洲出發，想要前往東方的香料群島，船隊繞過南美洲最南端的火地島，經過驚滔駭浪，終於從大西洋進入太平洋。太平洋的名稱起源自拉丁文「Mare Pacificum」，意為「平靜的海洋」，就是由他命名。

麥哲倫是歷史上首次橫渡太平洋的人，他的成功證明地球表面大部分地區不是陸地，而是海洋，

馬尼拉聖母無原罪聖殿主教座堂

且世界各地的海洋還是互相連通的完整水域。麥哲倫穿越太平洋後，從菲律賓的宿霧登陸，卻死在了與當地部落的衝突中，幸而他的手下最後抵達了香料群島，也成功西行返回歐洲，完成環遊世界一圈的壯舉。

天主教的落地生根

這條被印證可行的新航線帶來了逐利的商人及逐夢的傳教士，儘管目的不同，可是帶著文明優越感的教化手段卻沒什麼兩樣。西班牙人帶來了天主教信仰，宗教結合政權，採取政教合一的統治。在西班牙進入之前，菲律賓社會以氏族為基礎，有點類似台灣原住民族部落，部落間皆有密切的親屬關係。西班牙人來到後，便以這既有的基礎作延伸，行政上以氏族的首領擔任基層組織的辦事員，在宗教上也以氏族的規模來發展小教區，行政與宗教區域重疊，擔任小教區的祭司便是西班牙傳教士，握有最高的權力。

天主教繞了大半個地球，最終就這麼在菲律賓落地生根，了解這段歷史後，也就更容易理解，為何在台灣的菲律賓移工每到假日都會上教堂做禮拜。菲律賓和東帝汶是亞洲唯二的天主教國家，天主教徒更占了菲律賓百分之八十三的人口。

西班牙人在當地帶來了信仰，而信仰也需要有堅強的精神堡壘，像歐洲一樣，教堂永遠是城鎮中最雄偉的建築。菲律賓有四座巴洛克風格教堂被列為世界遺產，分別在馬尼拉（Manila）、聖瑪麗亞（Santa Maria）、帕瓦伊（Paoay）和米亞高（Miagao），其他的教堂就算沒被列名，也都值得一看。

因地制宜的教堂建築——地震巴洛克

菲律賓天主教受到在地社會和泛靈信仰的影響，具有自成一格的獨特性。西班牙來到菲律賓的

1

1. 幻影交錯形成神聖空間

2. 卡薩馬尼拉博物館 CASA MANILA MUSEUEM

3. 博物館內陳設殖民時期西班牙人生活樣貌

3

2

王城區內的西班牙風建築

時期，巴洛克正是當時歐洲流行的藝術風格，巴洛克字義是「變形的珍珠」，在宗教改革後，天主教教會認為藝術應該直接地表達對宗教的感情，並呈現在音樂、繪畫、建築等各個領域。巴洛克建築擺脫了希臘及羅馬含蓄的邏輯性，追求令人感到驚豔如戲劇般的效果，利用不規則波浪狀曲線和反曲線形式賦予建築動感，再搭配富麗裝飾雕刻及強烈色彩，展現出優雅華貴的感覺。

在佬沃（Ciudad ti Laoag），原名為聖奧古斯丁教堂（San Agustin Church）的帕瓦伊教堂，從西元一六九四年開始建造，在一七一〇年完成，至今已超過三百年的歷史。這是幢外表呈現三角形、沒有地基，以就地取材的珊瑚礁岩及磚頭為主體，用甘蔗汁混合石灰和糖作為黏著劑的建築，西班牙人強徵當地勞工，又僱用中國工匠，遵循巴洛克風格興建。這種特別的建築式樣被稱為「地震巴

1

洛克風」（Earthquake Baroque）。

除了巴洛克式的建築元素外，還在外部側邊加以二十四個厚約一點六公尺的巨大拱壁支撐教堂主體，且都以巨大渦捲形作為裝飾，頂端並有小尖塔來加強抗震的強度，因應菲律賓多地震的地理環境。帕瓦伊教堂在一七〇六年與一九二七年分別遭受地震侵襲，但都幸運躲過被摧毀的命運。教堂的鐘樓曾是一八九八年菲律賓革命者對西班牙人、以及一九四一至一九四二年菲律賓戰爭中，菲律賓游擊隊對日本人的觀察哨所。有趣的是，鐘樓也反映了階級意識，據說顯赫家族婚禮的鐘聲會比窮人婚禮來得響亮且敲得多下。

馬尼拉・十七世紀的奶與蜜之地

前一陣子菲律賓總統杜特蒂曾說要改國名，因為該國的國名就是來自於當時西班牙菲利浦二世國王的名字，殖民色彩太過濃厚。

1. 佬沃的帕瓦伊教堂
2. 聖地牙哥堡
3. 麥哲倫的十字架

我們的鄰居會不會改名換姓尚是未知數，但提到菲律賓的首都馬尼拉，這裡可是大航海時期西班牙在亞洲的主要根據地。

在西班牙人來之前，馬尼拉是個名不見經傳的地方，西班牙人把馬尼拉定為首都後，便在這裡建城，從要塞碉堡、護城河、監獄到教堂與民宅，生活機能與防禦建設一應俱全，簡直就是要在這裡長久地埋鍋造飯。

馬尼拉在當時作為貿易的轉運中心，來自於中美洲的白銀，不僅提供了明朝的需求，中國的絲綢、瓷器也受到海外市場的喜愛，西班牙掌握航線，左右逢源，獲得龐大利益，從菲律賓出口的貨物有時候甚至還包括奴隸。

王城區（Intramuros）就是馬尼拉城市的起源地，「intramuros」拉丁文的意思為「在牆內」，在西班牙殖民時代，王城區就代表著馬尼拉，馬尼拉王城區就是這樣一個記錄過往的區域，這段時期，在東方充斥著滿懷夢想的西方人，以現代角度

通往信仰的中心

來看，都覺得恍如錯置，更不用說在那靠季節風，乘大帆船面對海上風生水起的西方霸權年代了。而現在的馬尼拉則由十七座城市和直轄市所組成，成為胃納兩千萬人的超級大城市。

走進王城區，就能感受到濃厚的西班牙風情，但二次大戰期間，整座王城區內的建築遭受戰火無情摧毀，如今遊客來到王城區所見的建築，大多是重建過後的復刻版本。但王城區仍有幾座建築具有其象徵性，例如：馬尼拉大教堂、聖地牙哥堡內的西班牙城門、要塞堡壘以及後來建造的菲律賓國父黎剎博物館。

在馬尼拉王城區裡有著菲律賓最早的教堂：聖奧古斯丁教堂（San Agustin Church），歷經多次地震、戰爭仍屹立不搖，最後成為世界遺產，也成為西班牙殖民時期的見證。

這座教堂擁有自己的博物館，述說著十七世紀以降，教堂對地方與天主教發展的貢獻。經過三次修建的聖奧古斯丁教堂，最早是一五七一年由西班牙人用竹子和蘆葦建成，一五七四年遭祝融之災後，第二次換用木頭建造，後來同樣毀於火災；第三次則改以石料修建，於一六〇四年完成，教堂並不特別雄偉，但卻是菲律賓最古老的建築物。

被列為世界遺產的這幾座教堂有別於歐洲主流建築，建立了適應當地自然條件的建築和設計風格，並且都對菲律賓後來的教堂建築產生了重要影響。其共同特徵是厚實、具有紀念意義的外觀，顯示出要塞防護性的特徵，以應對那時期海盜與掠奪者的歷史，和容易發生地震活動的地理狀況。其實不只菲律賓，在天主教東傳的過程中，建築本身的就地取材以及教義的本土化，都是宗教成功在地化的關鍵。

周邊景點

科雷西多島（Corregidor）

這裡位在馬尼拉灣入口處，是二戰太平洋戰爭中的激烈交火之地，遺留許多戰爭遺跡。可參加當地一日遊行程，探索主要戰場遺址、軍營遺跡和太平洋戰爭紀念館。

注意事項

1. 菲律賓雖為熱帶國家，但室內公共場所有時冷氣開得非常強，所以務必記得要帶薄外套，以免感冒。
2. 留意人身安全，衣著力求簡樸，切勿穿著太過亮麗或招搖，應盡量避免成為被注意的對象，尤其是過度的穿戴珠寶金飾，更容易成為非法之徒鎖定的目標。

廣角側寫

耶穌入境隨俗的面貌

菲律賓有個最著名的洋娃娃，很多地方都看得到他的複製品。不是鬼娃恰吉，而是代表在聖父、聖靈、聖子三位一體中，耶穌的聖嬰形象娃娃。麥哲倫於宿霧靠岸時，隨行的神父為當地土著酋長Rajah Humabon和祖安娜王后（Queen Juana）及其他四百名土著受洗，麥哲倫送了一個黑色皮膚造型的聖嬰像給祖安娜皇后，作為她改信天主的禮物。

等等！耶穌什麼時候變成黝黑的膚色了？其實我們沒有任何一個人看過耶穌的樣貌，只能從文字描述、身世背景來描繪出形象，長久下來也就約定俗成，成為理所當然。但是當宗教離開歐洲往外傳播，為了消除文化隔閡，耶穌形象可以因地制宜，在衣索比亞有黑人捲髮形象的耶穌像，在台灣原住民部落可以見到穿著頭目服裝的耶穌像，看得出天主教為了讓宗教普及，也得接地氣，跟當地文化融合再製，讓宗教產生全新的樣貌。

聖嬰像後來失蹤了，直到一五六五年西班牙軍隊再次登上宿霧，將宿霧夷為平地，卻意外地發現聖嬰像，而且絲毫無損。當地人視為神蹟，便在發現聖嬰像的地點興建了聖尼諾（Santo Niño）聖嬰大教堂，聖嬰像也被尊為菲律賓最古老的聖像。這尊代表耶穌的聖嬰像近看時作工十分精緻，面容跟西方熟悉的聖嬰在膚色及長相方面都截然不同。

在聖嬰大教堂旁還有座小堂，小堂裡僅有一座十字架，但可別小看它，這是麥哲倫一五二一年四月八日到達宿霧時所立的第一座十字架：麥哲倫十字架。據說原來的十字架被包在木製十字架裡面，麥哲倫十字架已經成為是宿霧的標誌，被視為天主教在菲律賓的象徵。

印尼

絢爛神話的共演舞台

項目名稱：普蘭巴南寺廟群（Prambanan Temple Compounds）
登錄年代：一九九一年
遺產種類：文化遺產

項目名稱：婆羅浮屠寺廟群（Borobudur Temple Compounds）
登錄年代：一九九一年
遺產種類：文化遺產

06

國名
印度尼西亞共和國（Republic of Indonesia）

人口
約二點八億人。

語言
官方語言為印尼語，但各島也都有屬於自己的方言，屬南島語系。

氣候
印尼國土跨赤道，多半屬於熱帶雨林氣候，十至三月受亞洲及太平洋氣流影響，降雨量豐沛，為氣候涼爽之濕季；四至十月受澳大利亞大陸性氣流的影響，降雨量少，為氣候燥熱之乾季。

簽證
持台灣護照免簽三十天。

匯率
1新台幣約合497印尼盾（IDR），機場、銀行都可兌換。

時差
全國分三個時區，即西部時間、中部時間及東部時間。爪哇屬西部時間，較台灣慢一小時。

交通資訊
可搭乘華航、長榮至雅加達機場，或從泗水、日惹等地轉機一次即可抵達。

1

2

印尼雖然是萬島之國，但說到印尼的歷史，基本上就是以爪哇島為中心開展的，現在固然以伊斯蘭教為主，但綜觀印尼古往今來，從最早的印度教到佛教，再到伊斯蘭教，以及大航海時期荷蘭人以巴達維亞（今日雅加達）為根據地的荷屬東印度公司，都為這座島嶼留下不同的印記，而印尼擁有九座世界遺產，其中有四個都在爪哇，可想而知這座島在印尼的重要性了。

而在爪哇所登錄的四項世界遺產中，有兩座文化遺產是記錄了印尼歷史的重要階段，透過建築呈現的傑出範例，一座是普蘭巴南印度教寺廟群，另一座是婆羅浮屠寺廟群，都位在爪哇的日惹。

文化遺產中的「文化」，以及旅行者追求的「文化」體驗，其實包羅萬象，涵蓋了食、衣、住、行，說穿了就是生活的總和，每個地區的文化有所不同，但在遺產中看到的，為何多半以建築樣貌呈現呢？而建築用途百百種，為何又多以宗教之用最為普遍常見？

追根究柢發現，在以前，建材取得並不容易，再加上運輸不方便，能夠搬運且大量使用這些資源的，多半是國家力量，綜觀人類歷史歷經神權、君權過渡到今日的民權，以往國家力量又結合宗教形成相互共生的組合，掌握著權力，因此宗教建築就成為象徵權力展現的一種方式。

當時最好的建材大多是石材，而石材也非一般平民百姓負擔得起，甚至更有階級上的劃分限制，只能用在宗教建築上。猶如今日資本主義競相挑戰摩天高樓，無疑亦是另一種權力的展現。

1．普蘭巴南
2．從婆羅浮屠遠望火山
3．婆羅浮屠平台旁的雕刻
4．普蘭巴南的 Candi 主廟
5．婆羅浮屠由九層平台組成

普蘭巴南寺——印度教的生死觀刻畫

要見證這些印度化王朝曾有過的輝煌，就一定要來被列為世界遺產的普蘭巴南寺，展現了爪哇印度文化藝術的巔峰。普蘭巴南大約建造於西元九世紀，可能是由室利佛逝王朝所建造。室利佛逝王國是東南亞三大古國之一，中國古書也稱室利佛逝為三佛齊，發源地為蘇門答臘的巨港，該國控制了整個麻六甲海峽的主權，屬地分布在蘇門答臘、馬來半島、爪哇以至柬埔寨等地，商業貿易往來熱絡，據說連這裡的鸚鵡都能說四種語言。

最後一則趣聞是真是假不知，但在唐朝時，的確不少僧人為了學習和研究佛教，往往先到室利佛逝學習梵語和佛法後，再前往印度深造求經。唐代高僧義淨曾三次到此地研究佛經與梵文文法前後長達了十四年，根據義淨記載，室利佛逝有僧侶千餘人，其戒律和儀式與印度大同小異。

寺廟群分為兩個大院，大院內有八座主廟（坎蒂 Candi），其中三座分別供奉印度教濕婆（毀滅之神 Shiva）、毗濕奴（秩序保護之神 Vishnu）和梵天（創造之神 Brahma）。

以我們所熟悉的思維來看，多數人喜歡創造、保護，應該沒有人喜歡破壞，但印度教並不認為破壞是不好的，我們現在所處的階段只是生命循環中一個過渡，有破壞才有重生，就像人死去並不是生命的結束，而是另一種能量形式的開始，因此現今的印度教派中，濕婆神派反倒是信仰人數最多的。

所以在普蘭巴南，位於遺址正中央最高大的也是濕婆神廟，高四十七公尺，圍繞主廟旁有東、南、西、北四個石室。其中主室供奉濕婆，其它三個石室分別供奉難近母（Durga）、投山仙人（Agastya）和象頭神甘尼許（Ganesh）。

諸神的多變臉相

在印度教神話裡，濕婆有八個不同的化身，座

普蘭巴南建築群

婆羅浮屠：通往天界的台階

佛塔上的石雕

騎是公牛難敵（Nandi）；和濕婆一樣，他的妻子雪山神女，也兼具創造與毀滅雙重性格，並有多種形象，烏瑪（Uma，光明、美麗）是嬌媚嫻淑的溫柔相，而杜爾伽（Durga，難近母）則是美豔而嗜殺的復仇女神，還有一種形象，迦梨（Kali，黑女神），面目猙獰，酷愛血祭，是純屬恐怖的死神；而濕婆與雪山神女的兒子甘尼許則是可愛的象頭神，是智慧與財富的象徵，也是極受歡迎的印度教神明。

毗濕奴神廟位於北方，梵天神廟位於南方。

每座主神廟之前均有兩座小坎蒂立於兩旁，供奉主神坐騎：濕婆的神牛、毗濕奴的大鵬金翅鳥（Garuda）和梵天的孔雀。其中大鵬金翅鳥是印尼的吉祥物，印尼國家航空就叫做Garuda Indonesia，明明是伊斯蘭國家，卻以印度教的神話人物作為國家航空的名字，實在是十分有趣的事，也更加看出文化的穿透力和延續性，政權也許物換星移，但潛移默化的文化是不可能直接撕裂的。

圍繞在大院旁還有兩百多座的小廟（佩瓦拉，Pewara），但是由於地震，大多都坍塌損毀，連石雕也是模糊難辨。人們認為佩瓦拉象徵著國王的臣民，佩瓦拉排列成四圈，最裡面的一圈只允許婆羅門進入，其它的三圈分別供剎帝利、吠舍和首陀羅使用，嚴密的階級也透過建築布局呈現。

主廟旁的浮雕描述的是印度史詩羅摩衍那（Ramayana）的故事：羅摩的妻子悉多被魔王羅伐那劫持，透過神猴哈奴曼幫助羅摩救回悉多。與印度另一史詩摩訶婆羅多（Mahabharata）一樣，這些王朝，無論是各種文學、表演藝術的型態與觀念也都追求印度化，深遠影響爪哇的藝術文化，甚至成為爪哇發展許多表演藝術型態的素材。

婆羅浮屠——三千世界的涅槃樂土

與室利佛逝王室同期，爪哇出現了另外一個由印度人建立的佛教國家：夏連特拉王朝，國祚雖然

精緻的浮雕藝術

不到一百年，但在極盛時期，卻留下了令人驚嘆，號稱東方四大奇蹟之一的婆羅浮屠。

「婆羅浮屠」在梵文中的意思是「丘陵上的佛塔」，大約建於西元七八〇至八三〇年間，共使用了五十萬塊黑色火山岩，隨著佛教文化在爪哇島的逐漸衰敗，婆羅浮屠被遺忘在叢林及周邊火山爆發的火山灰中，直到十九世紀，才重新被發現。

婆羅浮屠共建有九層平台，剖面來看分為塔基、塔身和塔頂三個部分，代表著通往佛教大千世界的三個修煉境界，即：欲界、色界和無色界。一層塔基呈正方形，邊長約為一百二十公尺；二至六層塔身為正方形石台，石台面積逐層縮小，四周設有走廊，兩側壁面上布滿浮雕，浮雕主要講述了眾生因果業報、釋迦牟尼佛生平、善財童子學習大乘菩薩道等故事。

而塔身的佛像供奉於壁龕中，共四百三十二尊；第六層正方形石台之上還有三層圓形石台，圓台上有七十二座被安放在多孔舍利塔內的佛像，圍

周邊景點

日惹王宮

日惹特區是印尼唯一有蘇丹統治的省分，因此日惹王宮、家族起居場所以及包含博物館的爪哇文化中心，都是遊客造訪日惹不會錯過的地方。

注意事項

1. 如住平價旅館，要特別小心防蚊子叮咬，會傳染登革熱。許多小旅店多無熱水洗澡，也無飲用水。
2. 路邊冷飲餐點較不衛生，要避免飲用。
3. 民風相對保守，對當地異性避免太多肢體接接觸。

繞著頂層中心的圓形大佛塔，大佛塔高三十五公尺，直徑十六公尺。

婆羅浮屠還有良好的排水系統設計，建築上那些滴水嘴獸的排水孔，就是為了防止雨季積水。整座婆羅浮屠共有五百零四尊黑岩佛像、兩千六百七十二個石壁浮雕，不過有三百多尊佛像部分已遭到破壞，還有四十多座佛像不見蹤影。

這不但是一個王朝的自我彰顯，也是佛教世界觀的體現，原來是要建印度教寺廟，但卻因宗教信仰改變為錐形壇狀的佛塔，外觀模仿後方群山，在四方各設有入口，有台階通往塔頂，帶著朝拜者逐步上升到最高峰的神祕經驗，來到象徵佛教宇宙觀中心的須彌山。

印尼近年來是個備受國際媒體關注，又充滿發展機會的發展中國家，人口紅利更被面臨發展停滯的已開發國家垂涎，但歷史上的宗教、族群、政治盤根錯節，千絲萬縷的複雜度，需要好好抽絲剝繭了解一番。

平台之上的多孔舍利塔

廣角側寫

印度教的發展始末

文化展現亦有強弱之分，以核心地區向四方擴展，使周遭地區表現出共同特質，就成為一個不同的文化圈，像在東亞地區，主要被中華文化圈所涵蓋，但除此之外，文化圈也會產生交集重疊，東南亞地區另一個舉足輕重的是印度文化圈，在二者的交互影響下，形塑出獨特面貌。

東南亞地區許多古國都是使用梵文，今日的緬文、泰文、高棉文等也都是由梵文改良，從文學、哲學、政治體系、建築、音樂，都與印度有著高度相似的文化，甚至從印度傳來的宗教信仰：印度教及佛教，在伊斯蘭教尚未傳入之際，主宰著整個地區的思想生活。

其實「印度教」（Hinduism）一詞是西方人所創造的，就像西方人稱呼儒家思想為「儒教」，我們認為是一種思想，與其稱它為宗教，不如說是知識或哲學觀點內化到日常的一種生活價值。西元前一八〇〇年左右，雅利安人入侵印度次大陸，打擊印度土著達羅毗荼人，他們帶來了印歐語系的神祇體系和吠陀梵文，制定了影響深遠的種姓制度，規定雅利安人的種姓是高貴的，達羅毗荼人的種姓是低下的，為族群尊卑次序和政治統治地位提供了宗教理論依據，其實一切都是為了延續並鞏固自身的利益。

印度教普遍發展之後，在西元前六世紀，悉達多王子某次外出巡遊時，分別恰遇了老人、病人、死者和修行者，他深感人間生老病死的苦惱，此機遇也促成佛教焉然誕生。

佛教在許多義理上都跟印度教是相同的，最大差異在於：一個強調種姓階級，另一個則強調渡化眾生皆平等，佛教可說是對印度教的改革版。

由於缺乏史料，印度人到底在何時來到東南亞至今仍舊莫衷一是，但可確認的是，在掌握季風的規律性後，加上受到香料和礦物的資源吸引，前往東南亞地區的印度人愈來愈多，和各國間的交往也逐漸頻繁，從中南半島、爪哇、婆羅洲到菲律賓南部的城市和國家，都受到了印度文化與宗教的洗禮，印度教與佛教的混合信仰成為此地區共同特徵。

不管是印度教還是佛教僧侶，也伴隨這些商業活動足跡前來，成為文化傳播者，文化傳播通過僧侶在宮廷中展開，而商業活動又通過僧侶在宮廷中所受到的器重而進一步合法化，獲得特權以及優惠，商業又反饋在寺廟的興建，因此引入了許多來自印度的工匠、雕刻師傅和神職管理人員，於是全面性學習接觸並採用印度文化當然也就無法避免了。

印度人移入東南亞地區後與當地土著通婚，血統上也產生變化，先後出現室利佛逝（Srivijaya）、夏連特拉（Sailendra）、滿者伯夷（Majapahit）、麻六甲等印度文化為基礎的大型王朝，無論是在社會結構的模仿、科學技術的學習、文學的呈現、文字的使用、宗教哲學的發展，甚至是建築技術都是受到印度文化體系的影響。而成熟的族群特性出現，則是在十七世紀後，在對抗荷蘭統治的同仇敵愾下才逐漸形成了今日民族意識。

柬埔寨

叢林深處的豐饒王國

項目名稱：吳哥遺址（Angkor）
登錄年代：一九九二年
遺產種類：文化遺產

07

國名
柬埔寨王國（Kingdom of Cambodia）

人口
約一千六百萬人。

語言

高棉語。

氣候

柬埔寨一年四季都是夏天，其中六至十月為雨季；十一至翌年二月為涼季；三至五月為乾季。一般以十一月至翌年四月，為當地的旅遊旺季。

簽證

可辦理落地觀光簽證：需備近期照片一張及30美元，可停留一個月。

匯率

1新台幣約合142柬埔寨瑞爾（KHR）。

時差

比台灣慢一小時。

交通資訊

可搭乘長榮直達至金邊機場，或搭乘越南航空於胡志明市轉機一次後抵達。

柬埔寨位在中南半島心臟地帶，近代對柬埔寨的印象，多半是赤柬游擊隊對國家的禍害，也讓柬埔寨成為全世界地雷最多的國家之一，危險、落後往往成為至今洗刷不去的鮮明烙印。

其實翻開中南半島歷史，雖然如今有五個國家，但最早興盛且幾乎統治整個中南半島的就是高棉人，從一世紀的扶南王朝到六世紀的真臘王朝，都曾在中國史書上記載。

柬埔寨的西部及西北部與泰國接壤，東北部與寮國交界，東部及東南部與越南毗鄰，南部則面向暹羅灣，全國總面積約十八萬平方公里。

地形整體來看是盆地，其中三面被丘陵與山脈環繞，中部為廣闊而富庶的平原，占全國面積四分之三以上。最主要的河川為發源自中國的湄公河，帶來豐沛用水與富饒水產，也造就了中世紀的高棉王朝盛世。

吳哥王朝——天賜的富庶

在世界人類文明發展歷史中，很少大帝國出現在熱帶地區，因為不用擔心會出現凍死人的天氣，餓了、渴了，豐富多樣的森林裡盡是食物，這樣與世無爭的生活，自然不會產生資源排擠，而造成你爭我奪的效應，這也是為何高棉王朝引起這麼多人好奇的原因。

武功鼎盛的高棉王朝，自西元九世紀綿延至十五世紀，疆域西起緬甸，東臨南中國海，北接寮國，除了開疆闢土的不世成就外，經過數次的遷都，最後將首都遷到吳哥，所以常被稱為吳哥王朝。Angkor 在梵語的意思就是城市，歷代國王更陸續建造及擴充世界上最廣大的廟宇建築，以及挖掘土地造湖儲水、興建許多複雜的堤壩與灌溉渠道系統來增加稻米的產量。根據元代的周達觀描述，那時的吳哥是個物資豐裕無慮的年代。

周達觀被元成宗派遣出使吳哥，在吳哥皇城待

女王宮的東方蒙娜麗莎砂岩石雕

了一年的時間，目的原是一探王朝的虛實，當年蒙古鐵騎征伐，也覬覦中南半島這塊土地，無奈元朝自己氣數不長，最終未能完成征討大業，不過周達觀的《真臘風土記》，以一個外來者的角度，記載下當時所見所聞，為後人研究吳哥提供了重要的的第一手資料。

西元一四三一年，鄰國暹羅（今泰國）大舉入侵，圍城七個月後，攻破吳哥古城，將宮殿珍寶、神廟金佛洗劫一空，都城因而被迫遷往金邊，從此吳哥便繁華落盡，掩沒在叢林中，直到一八六一年，法國生物學家亨利穆奧才在無意間發現這個低調已久的遺跡。

吳哥王朝文化受到印度教影響頗深，直到闍耶跋摩七世（Jayavarman VII）即位後，大乘佛教的影響漸漸取代印度教，但這不是騰籠換鳥的巨變，否則會引來既得利益者的反撲，他有技巧地循序漸進，讓兩個宗教能夠彼此融合而不衝突。

小吳哥的晨曦

氣勢巍峨的吳哥窟神殿

所有吳哥寺廟都有一高聳尖塔，周邊也有護城河圍繞，從空中鳥瞰，尖塔代表印度教濕婆神的化身：靈甘，就是男性的陽具；而圍繞在旁的護城河是優尼，象徵女性的子宮，建築蘊含陰陽交合之意，也與印度教強調生命誕生於水終於水的說法不謀而合。而所有寺廟的開口都朝向東方，因為東方為太陽升起之處，是生命的起源。

唯一例外的是小吳哥（Angkor Wat），又被稱吳哥窟，它是現代世界七大奇景之一，也被列為世界遺產，但吳哥窟並沒有窟，Wat 是梵語「寺廟」的意思，所以吳哥窟是指城市的寺廟。由於暹粒河從東邊流過的腹地範圍較小，為了與這座龐大建築可能舉辦的儀式相對應，因此開口朝向西方。

這座巨大的廟宇是由太陽王蘇利耶跋摩二世（Suryavarman II）所建，尖塔從外表看來像是一根的玉米筍，又像接收天訊的天線，在神權主宰

卡波克樹盤踞石牆

廟宇轉角常見的水神納迦形象

的年代中，這樣的造型確實會給人上達天聽的感覺吧！其實它的造型靈感，來自護城河裡含苞待放的蓮花，不論從何處看，都呈現一種均衡對稱的美感。

販賣神佛的交易

除了灰砂岩堆砌成的建築令人著迷外，小吳哥的雕刻更是精彩。踏進小吳哥的第一圈迴廊，視線立刻就被明暗對比的光影所迷惑，廊柱等距的排列迤邐而去，一道道的陽光灑了進來，營造建築光影的俐落反差。陽光中還夾雜著佛像前香煙的裊繞，以及遊人揚起的灰塵，這幅景象，迷濛的讓人以為佛光乍現。

只不過定神一看之後，這裡許多佛像都是無頭佛像，明顯的砍鑿痕跡，烙印在佛像頸上。貧窮的人民將佛像的頭部砍下，偷偷運往泰國古物市場交易，可能是因為佛頭是整座佛像最好砍下的部份，也可能是這些人掩耳盜鈴的心態作祟，認為只要將佛的頭砍下，那麼失去頭的神佛也無法知道到底是誰做的，藉以獲得自欺欺人的心安。

不要道貌岸然地只苛責這些人，若不是因為有這些揮霍如流水的買家存在，也許佛頭依舊安然無恙，仍然照看芸芸眾生。在這些溫飽都成問題的人民眼中，神佛心靈的慰藉還是抵不過肚皮飢餓的催喚。資本主義市場本來就是供需問題，買賣雙方都必須承受道德上的譴責。

城牆浮雕，道盡三界事

迴廊外牆或是角落，散落著各個舞影，牆壁上雕刻著穿戴傳統服飾的仙女阿普莎拉，有的單腳微屈，另一腳懸空做著愉悅的迴轉動作；有的是輕扭蛇腰，做出最自然且最自在的搖曳舞姿。自玉蔥般的指尖到圓潤的體態，無一不展現活靈的律動，雖然眼前來往盡是不同膚色的觀光客，但從這些壁上的雕刻，似乎聆聽到梵音裊裊，肢體神情間透露著

如被巨蛇纏繞的塔普倫寺

千百年前的自信律動。

而第二道迴廊的大型浮雕，逆時鐘方向依序有印度教兩大史詩：摩訶婆羅多和羅摩衍那的故事，天堂與地獄的寫實，呈現出宗教勸人為善的信念，修今生的業，方有來生的福報，看了浮雕，一切寓意盡在不言中；而小吳哥主人蘇利耶跋摩二世驍勇善戰，英姿煥發的模樣，也被記錄在浮雕上，騎著戰象，頂著華蓋，彷彿親眼目睹當年勇；而翻攪乳海故事中，善神修羅與惡神阿修羅為了得到甘露長生泉，把納迦（NAGA）當作拔河的繩子，這幅場景不斷地出現在吳哥廟宇護城河的欄杆上，成為除了微笑吳哥外最具辨識度的圖騰。

城門上的守望者

緊臨著小吳哥遺址的是大吳哥城（Angkor Thom），是由闍耶跋摩七世所建，這位虔誠信奉佛教的國王所留下的吳哥都城，是一處被長達十二公里城池所包圍的城市。元代周達觀描述：「其正室之瓦以鉛為之，餘皆土瓦，黃色橋柱甚巨，皆雕畫佛形。屋頭壯觀，修廊複道，突兀參差」的遣字用詞，可供遊人想像其雄奇之姿。

從南門進入吳哥都城中央，著名的拜揚寺（Bayon）矗立著，兩百一十六張巨石笑臉像，高掛在五十四座佛塔上，留給此間旅客最深印象的「微笑吳哥」，有人說這是西元一一八一年登基的闍耶跋摩七世的頭像，亦有人說這是保護神毗濕奴的頭像，其實都對，因為國王在人間為神的化身，死後便恢復成神的角色。

進入都城前，遠遠便可見到高七公尺的大石城門上頭，四面都刻著闍耶跋摩七世的面容，此乃融合了象徵眼觀四面，耳聽八方的慈悲佛菩薩，神人合一是許多統治者將自己推往至高無上地位的最佳手段。

城門上的耶跋摩七世看著這塊土地上的子民，好像在告訴他們：「你們所受的苦難我都看到了，

悟道

只要懷抱希望，未來是會更好的！」在隱含著沉思與慈悲和藹的表情下，每個人彷彿都被他看透了。多變的光線或正或側，時強時弱地探射過來，加上遠近交替的層次感，你怎樣都無法在微笑中找到一丁點兒的不友善，誠如這裡的人民，雖然物質生活貧乏，但友善的種子早在那時就已扎下了根。

大吳哥雕刻內容與小吳哥有天壤之別，小吳哥呈現盛世的金戈鐵馬，兵戎相見，強調國王的偉大與帝國的壯盛；而大吳哥是闍耶跋摩七世打敗入侵的占婆人，在廢墟中重建，再加上他改信佛教強調慈悲，呈現是接地氣的庶民生活，從軍隊凱旋歸來的慶祝歡愉，到遊戲鬥雞的日常生活，反而成為浮雕的主題。

吳哥窟周邊巡禮：從神祇到人類

達松將軍廟與寶劍塔，分別供奉了對國家有功的將軍與國王的父親，可以看出吳哥的寺廟從起初單純的供奉神明，到中後期，也開始紀念起凡人。而在闍耶跋摩七世為了祈奉母親所建造的塔普倫寺（Ta Prohm）裡，到處都可看到擎天而生的卡波克（Kapok）樹。

沒有人知道這些大樹究竟是哪一年落地生根，但數個世紀之後，卻成了大自然力量的最佳見證。盤根錯節的樹根，死命從原本作為研習佛經修室中吸取養分，牢牢地抓住寺院的牆石，就在高塔上，像巨傘般撐開枝幹。從建築物上方瀉下的樹根裸白肥壯，和旁邊低沉晦暗、顯得營養不良的石塊，形成強烈對比。

我抬頭望著，左擺右放始終無法將它全部裝進鏡頭中，那臨恃其上的霸氣，以及那立看人世變遷的悠遠歷史，都龐大的讓我承載不下。大樹像隻具侵略性的八爪大章魚，張牙舞爪的和石造建築糾結在一起。如果把樹砍倒，建築將失去支撐而頹圮；但如果任其生長，建築也將不耐負荷而灰飛煙滅，也許是前世就已註定這種令人無法喘息的關係吧！

最後是班蒂斯蕾（Banteay Srei）神廟，這是座距離吳哥窟二十五公里，建於西元九六七年，歷經羅貞陀羅跋摩二世（Rajendravarman II）及闍耶跋摩五世（Jayavarman V）兩朝建立的印度教廟，是由當時掌理祭祀的婆羅門祭司所創建，主要是祭祀濕婆神。班蒂斯蕾的意思是指「女王宮」，班塔斯蕾雖然到了一九〇〇年代才被發現，較其他遺跡為晚，但從裡面雕刻的玲瓏細緻以及保存之完美，仍被確定是這一地區最古老的廟宇之一。

陽光照在紅色砂岩的建築上，裡頭的石英結晶呈現璀璨耀眼的反射。來這裡的觀光客不少，每個人都想利用朝日初升的早晨，來這裡捕捉班蒂斯蕾的美景。瞇上眼睛在微微刺眼的晨曦中，似乎能穿越時空，看到這中南半島曾有的奇蹟。

周邊景點

洞里薩湖

洞里薩湖是全東南亞最大的淡水湖，也是湄公河的天然蓄水池，水量隨著季節變化有很大的不同。每年十一月至次年四月，是湄公河的枯水期，這時湖水流入湄公河，湖面為低水位；但到了每年五月至十月，當雨季來臨的時候，隨著湄公河充沛的水量，水位也隨之漲高，河水倒灌入湖，湖面可達一萬平方公里。

注意事項

1.由於柬埔寨為佛教國家，所以遊客需特別注意要尊敬和尚，女性旅客也不得接觸和尚。

2.若要在吳哥窟遺址登頂，旅客的短褲或短裙需要長過膝部，也不得穿著吊帶裝、無袖襯衫等服裝；進入寺廟內部不能戴帽子，為了安全，孩童未達到規定的身高，也不允許登頂。

3.不可隨意觸摸壁畫、雕刻，或是擅入非景區觀光的規劃路線，也不可攀爬古蹟。

伊朗、土耳其、突尼西亞

清眞寺的建築巡禮

08

項目名稱：星期五清真寺（Masjed-e Jāmé of Isfahan）
登錄年代：二〇一二年
遺產種類：文化遺產

項目名稱：伊斯坦堡歷史地區（Historic Areas of Istanbul）
登錄年代：一九八五年
遺產種類：文化遺產

項目名稱：開羅安（Kairouan）
登錄年代：一九八八年
遺產種類：文化遺產

國名
伊朗伊斯蘭共和國（Islamic Republic of Iran）

人口
約八千四百九十二萬人。

語言
波斯語，英語普及率約一成。

氣候
伊朗氣候受地形影響較大，整體而言四季分明，屬大陸型乾燥氣候，春秋兩季相對溫和，適合旅行。

簽證
伊朗可辦落地簽證，持護照及簽證費用100歐元、強制保險15歐元、銀行手續費3歐元，效期三十天。

匯率
1新台幣約合1479瑞爾（IRR）。

時差
比台北慢四點五小時。

交通資訊
由曼谷搭乘伊朗滿漢航空是抵達伊朗最方便的方式。伊朗境內有鐵路、巴士，但長途旅行以巴士最佳，有兩種選擇，一是有冷氣豪華的VOLVO，另一為無冷氣陽春的BENZ；另外要遊覽城市附近景點，可考慮包計程車，伊朗油價便宜，所以就算包計程車也不貴。

國名

土耳其共和國（Republic of Turkey）

人口

約八千萬人。

語言

土耳其文，旅遊區英語相當流通。

氣候

伊斯坦堡屬地中海性氣候，夏天溫度約攝氏二十三度，天氣較乾燥，而冬天溫度約攝氏七度，偶爾會下雪。

簽證

申請土耳其簽證，可事先上網（https://www.evisa.gov.tr/en/）免簽費申辦單次、停留期限三十天之電子停留簽證，由該國陸、海、空邊境口岸入境。

匯率

1新台幣約合0．28土耳其里拉（TRY）。

時差

較台灣慢五小時。

交通資訊

土耳其航空目前有班機從台北直飛伊斯坦堡。

國名
突尼西亞共和國（Republic of Tunisia）

人口
一千一百一十一萬人。

語言
阿拉伯語及法語。

氣候
北部屬於夏乾冬雨的地中海型氣候，南部屬熱帶沙漠氣候。

簽證
突尼西亞簽證需送日本大使館辦理，可自辦或請旅行社代辦。

匯率
1新台幣約合0.1突尼斯第納爾（TND）。

時差
較台灣慢七小時。

交通資訊
台灣並無直飛班機，通常經由阿聯酋航空於杜拜轉機即可抵達。

到日本看神社，到歐洲看教堂，來到信奉伊斯蘭教的地區，自然是看清真寺，在以往的神權與君權時期，政治常與宗教合流，以君權神授或上帝為名，形成堅固且強大的既得利益統治階級，而宗教建築正是其彰顯權力及財力的展示品。

穆罕默德創建了世界三大宗教之一的伊斯蘭教，ISLAM是順從之意，身為穆斯林有五項修行必做：分別是朝功、念功、齋功、課功及拜功，許多都是跟清真寺有直接或間接的關聯性，所以說清真寺是穆斯林的第二個家一點也不為過。

清真寺除了是進行宗教儀式的場所之外，有時也是政治人物宣揚政治主張的場所，藉由可蘭經當中提到的教義與自己的政治理念包裹在一起，就算是激進主張，也能讓追隨者容易接受；清真寺亦是教育中心，因為可蘭的意思就是朗誦，而可蘭經以阿拉伯文寫成，故阿拉伯文成為真主阿拉使用的唯一語言，為此，穆斯林都有義務學習阿拉伯文，以便精準理解可蘭經的精義。

無所不在的敬拜殿堂

最早的清真寺通常被公認是位於麥加的大清真寺，在這座禁寺中，有座黑色立方體的建築物：克爾白，這是全世界穆斯林每天作禮拜的方向，不過早在伊斯蘭教創立之前，克爾白就已存在，所以也有人認為，第一座清真寺則應該是座落在麥地那的庫巴清真寺，因為這是穆罕默德先知在六二二年從麥加遷移到麥地那時建造的第一座建築。

其實對穆斯林來說，只要心中有真主，在沙漠中鋪張地毯，朝向麥加方向，到處都可以是清真寺。早期的庫巴清真寺也十分陽春，並非今日雄偉的面貌，但隨著政教合一的帝國建立，以及伊斯蘭教的影響力日漸擴大，清真寺當然也就愈來愈講究，至此，清真寺不單只是個人的虔誠崇拜而已，巨大的權力展現使人產生崇敬畏懼，才更是這些大型宗教建築興建的目的。

清真寺雖然在不同地區風格會有差異，但基

開羅安清真寺的叫拜塔

3

1

2

本原則不變，例如：都有寬廣的膜拜空間供穆斯林禮拜之用；伊斯蘭教不崇拜偶像，所以從裡到外看不到任何人物、動物、圖騰和標誌的雕像及畫像，也不需要任何供品，裝飾多以壁畫或磁磚拼貼出花草、藤蔓、幾何抽象圖形，以阿拉伯文書法寫成的可蘭經文也是裝飾紋邊的形式之一；大廳裡只有圍繞的柱廊，四周牆上有一處凹進去的的壁龕：米哈拉布，指示禮拜的方向，也就是麥加方向；在米哈拉布旁帶階梯的高台是敏拜爾，是教長阿訇站在上面帶領誦讀古蘭經、講道、宣布消息使用。

從外觀看清真寺，由於建築是向東羅馬帝國學習而來，因此巨大的圓形穹頂顯而易見，穹頂旁的叫拜樓或稱宣禮塔，穆斯林每日要做五次禮拜，每到禮拜時間，就有喚禮者在塔上大聲呼喚，提醒穆斯林禮拜時間到了，叫拜樓有一到六座不等，現代都裝有擴音器，反而較少到叫拜樓喚禮了。清真寺外會有噴泉，要求穆斯林作禮拜前洗淨手、臉、腳（小淨），星期五主麻日更要洗淨全身（大淨）後

才能禮拜。

信仰的堅實堡壘——開羅安聖城

全世界清真寺數以萬計，其中能特殊到被列入世界遺產的，當然有其獨到之處。列柱式建築最早出現在埃及與希臘，像是埃及的卡納克神廟以及雅典的帕德嫩神廟，都是透過巨柱營造出高大神聖的空間，因此在伊斯蘭尚未建立自己特色之時，多半是汲取已成熟的柱廳式建築特色並加以模仿利用。

經典的柱廳式清真寺大多在伊斯蘭教創立的早期修建，多為一塊類似廣場的長方形空地。在朝向

1．伊斯坦堡的藍色清眞寺
2．神聖的膜拜空間
3．禮拜前的小淨
4．伊斯法罕的星期五清眞寺

麥加一側布置進深較大的柱廳，同時在圍牆其他三面有時布置進深較淺的柱廊，形成一個被包圍的院落結構，最著名建築的是七世紀建成，位在突尼西亞的開羅安清真寺。

開羅安被列名伊斯蘭教四大聖城之一，另外三處聖地分別是位於沙烏地阿拉伯的麥加（Mecca）、麥地那（Medina），以及位於以色列的耶路撒冷（Jerusalem）。自西元七世紀以來，興盛的阿拉伯帝國在西元六四四年到七一三年，長達七十年的「聖戰」後，伊斯蘭教勢力正式入侵北非，將伊斯蘭文化與宗教帶到了突尼西亞，影響至今。而在這段期間所建的開羅安清真寺，可以說是阿拉伯建築、文化、藝術的經典代表。

相傳開羅安城的建立乃是由穆罕默德的弟子奧卡巴・伊本・納菲（Okba Ibn Nafaa），在西元六七〇年一手創建。他曾帶領十五萬伊斯蘭教大軍到此地作戰，但是有一回，他騎乘的馬匹失足倒下了，在倒地處，突然有泉水從乾涸的土地急湧而出，藏在泉水之下的，居然是多年前在麥加失蹤的金色高腳杯，這個跡象使得 Okba 決定將在北非的重要據點建於此處。

從外表看來，開羅安清真寺像是一座堅實的堡壘，從牆基到塔頂，土黃色的高牆圍起了聖地與平凡之地的界線，走進大清真寺，白色大理石鋪成的廣場在陽光照耀下顯得非常刺眼，禮拜大廳與叫拜樓隔著廣場遙遙相望。

廣場上的石板並非完全水平，而是略微向中心傾斜，通過中心的集水孔，將落在廣場的雨水全部匯集到地下蓄水池，這項設計不僅為這個缺水地區增加水源，且就地解決了信徒禮拜前淨身的用水。

而伊斯蘭教慣有的穹頂建築的風格，也充分展現在廊道的拱門上。仔細看去，發現每一根柱子與柱礎的高度都不盡相同，柱頭竟然也有希臘羅馬式的紋飾和形狀。原來這些柱體，都是從曾經統治過突尼西亞的迦太基與羅馬的廢墟遺址拆下搬遷過來的，難怪能看到西元三世紀的羅馬風格混雜在七世紀阿拉伯建築中的特殊現象。

環顧古今中外，歷史上每一個新統治王朝的興起，似乎都少不了對原存文明的巨大破壞，一來藉此壓制原本文明的氣焰，鞏固統治的基礎；另一方面也是一種自我意識的加強，就像古代的斬首示眾，有著極大的宣示意義。不過換個角度來看，人類的文明也不就是在這樣不斷的破壞與融合中，才有全新的概念與發展嗎？

跨世紀的星期五清真寺

當阿拉伯人帶著可蘭經與劍席捲整個中東地區，政治及宗教上雖然取得空前勝利，但久遠的波斯文化卻能以柔克剛地融入並發揮影響，清真寺形式在此亦產生不同的變化。

伊朗伊斯法罕古城的星期五清真寺，是迄今為止在伊朗歷史最悠久的清真寺，由薩珊王朝時代的王宮庭院樣式演變而來的敞廳（iwan）式布局，通

朝拜者

不加裝飾的清真寺內部，反而最能顯現建築之美

過四個帶有敞廳的高大屏牆形成了長方形的廣場，四敞廳的清真寺顯現出一種如四合院般封閉式的布局，朝向麥加方向的敞廳，所在的立面又要比其他幾個都大。隨著波斯文化對中亞的強烈輻射，其建築影響更遠達波斯以外的廣大地區，在中亞地區和新疆，也常見這類型制的清真寺。

伊斯法罕的星期五清真寺不朽之處在於它歷經不同朝代依然屹立不搖，而不同時期的整建，使得它成為活的博物館，道盡清真寺形式的演變。西元七七二年，星期五清真寺基於城市居民的需求而建造，到了西元四八〇年阿拔斯（Abbasi）王朝時，星期五清真寺獲得了一塊長方形的完整土地，經過不斷擴充，打下今日的基礎，但此時還仍是柱廳式，並非今日所見的樣貌。

清真寺奠定今日型態，是在十一世紀統治波斯，由突厥人建立的塞爾柱土耳其帝國，他們分別在南邊與北邊加建 Nizam al Mulk 和 Taj al Mulk 圓頂，並且在東西南北四個方向增建只有伊朗獨有的敞廳，清真寺的整體架構在此時期也大致完成。

而後蒙古人的伊兒汗國、波斯人的薩非王朝都有不同的增建與修補，尤其薩非王朝在敞廳立面貼上磁磚，使得視覺更加立體，也更人性化地加建雙層屋頂的冬季祈禱室，讓禮拜的環境更為舒適。

伊斯坦堡還有一座特別的清真寺，原本是東正教教堂的聖索菲亞大教堂，在改朝換代後改建成清真寺，在土耳其共和國建立後，如今又成為博物館。但在國際政治算計的權謀以及宗教民族主義的復辟下，二〇二〇年七月十日，土耳其最高行政法院宣布廢除一九三四年的內閣法令，終結了聖索菲亞八十六年的博物館歲月，未來將劃分為禮拜與參觀兩區，前者供穆斯林使用，後者將繼續向各國遊客開放。由此看來，宗教建築永遠不是神住的地方，而是人類角力的殿堂。

敞廳式清眞寺

星期五清眞寺廣場

周邊景點

開羅安麥地那舊城

緊鄰開羅安清真寺，是城市發展的起點，也有許多常民生活可以觀察，喜歡深入當地生活的遊客必定不會錯過。

凡克主教座堂（Vank Cathedral Church）

舊發區（Jolfa）是伊斯法罕亞美尼亞人聚集的區域，在伊朗這個以伊斯蘭教為主的國度，也有基督教的教堂，呈現不同宗教的風貌。

遊博斯普魯斯海峽

搭船從海上不僅可看歐亞大陸景觀，也可從海上遙望聖索菲亞大教堂及藍色清真寺。

注意事項

1. 遇到禮拜時間清真寺不開放，參觀前請注意開放時間。
2. 進入清真寺男性不可穿短褲，女性要戴上頭巾，手臂、雙腿、背部和頭髮都不可露出，進入清真寺前都需要脫鞋。

廣角側寫

清真寺的御用建築師

西元一四五三年，鄂圖曼土耳其帝國滅亡東羅馬帝國，小亞細亞從原本的基督教世界成為伊斯蘭國度，鄂圖曼的蘇丹也成為伊斯蘭的哈里發教主，既然是最高領袖，首都伊斯坦堡，自然就成為清真寺的競技場，從中脱穎而出的，是鄂圖曼帝國的首席建築師，錫南。

錫南設計建造的清真寺，擅長利用圓頂所展放的巨大內部空間做設計，並在內外部空間、明暗之間達到很好的和諧。

雖然和東羅馬帝國不同宗教，但也因為承繼了拜占庭建築的文化積累孕育，讓清真寺變成一個藝術與技術相平衡，同時顯現高貴典雅的聖地，成為集中式清真寺的代表。

錫南一生中建造及監督了九十四座大型清真寺，在今日土耳其、保加利亞、波士尼亞都能見到錫南的作品，包括伊斯坦堡的蘇萊曼尼耶清真寺。此外，由於地位和在世時間相似，他常被拿來與負責設計梵蒂岡聖伯多祿大殿的米開朗基羅作比較，成為東西方宗教建築的兩大巨擘。

第三章

難以忘懷的歷史

廈門
一線之隔，兩個世界

希臘
文明之火的起源

日本
緬懷逝去的人們

中國
沙漠中的黃金走廊

廈門

一線之隔，兩個世界

項目名稱：鼓浪嶼國際歷史社區（Kulangsu，a Historic International Settlement）

登錄年代：二〇一七年

遺產種類：文化遺產

09

國名

中華人民共和國（People's Republic of China）

人口

十四億人。

語言

中文。

氣候

廈門屬於亞熱帶海洋性季風氣候，溫和多雨，冬無嚴寒，夏無酷暑。

簽證

持有效之台胞證。

匯率

1新台幣約合0.2人民幣（CNY）。

時差

與台灣無時差。

交通資訊

台灣有班機直飛廈門，也可透過小三通經由金門前往。

廈門的鼓浪嶼租界在一九〇二年設立，在二〇一七年成為唯一被列入世界遺產的租界，是清末的二十七個租界中最晚成立的一個，不是因為又簽訂了什麼喪權辱國的條約，是在甲午戰爭後，台灣割讓給日本，清朝擔心日本會從東南沿海入侵中國，因此邀請十三國的領事館在此設點。

說好聽一點是居間緩衝，說不好聽一點，就是萬一發生戰事，這些洋人就可以成為砲灰，不過諒日本沒這個膽，因為突莽行事，可能會先被列強圍毆，這也正是清朝打的如意算盤。

浪奔浪流，看盡古今往來事

鼓浪嶼地名的由來，是因其地有塊高兩公尺的礁石，而漲潮時海浪拍擊礁石的聲音就像擂鼓。全島面積不到兩平方公里，各國興建的洋樓建築以及領事館，使得這塊蕞爾小島有著「萬國建築博覽會」的美名，也因為外國人眾多，帶來了西方的鋼琴，

1

擁有鋼琴的密度之高也是難得一見，故又叫「鋼琴之島」，島上還有一座鋼琴博物館，展示各時期的鋼琴。

「到北京看牆頭，到上海看人頭，到桂林看山頭，到西安看墳頭，到嵩山看拳頭，到廈門看碼頭。」廈門是座島嶼，以前海底隧道和橋梁還沒建設之前，出入都得靠船舶，直至今日，廈門的船隻有往來鼓浪嶼的，也有小三通到金門的，也有到台灣的，更有出國的郵輪，還有海滄區的貨櫃，因此碼頭特別多，成為都市特色，也是市民生活之日常。由於廈門是水運樞紐，外國人也特別喜歡這裡。

從廈門島搭船到鼓浪嶼不消十分鐘，登島後先直上鼓浪嶼最高峰的日光岩，雖然只有九十二公尺，但足以鳥瞰廈門本島及鼓浪嶼全貌，看大小船隻無聲往來，似乎也看盡浪奔浪流的大時代歷史。

1．夜晚的洋樓

2．醒目的八卦樓

2

1

2

3

日光岩得名有幾種說法：一是鄭成功來到晃岩，看到這裡的景色勝過日本的日光山，便把「晃」字拆開，稱之為日光岩；另一說是由於日光岩為鼓浪嶼最高處，當太陽升起時，第一道陽光就會投射在此，而稱為「日光岩」。

萬國色彩交織的奇異時空

有了全觀後，便能細細走訪坐落在鼓浪嶼街巷中的老建築。廈門所在的福建是華僑之鄉，清代「康雍乾盛世」後人口大增，耕地不足，再加上實施海禁，海上貿易的機會大幅消失，閩人為了養家活口，必須向外尋找機會，台灣便是在那時有一批大量移民抵達，而更遠的東南亞，也是另一塊機會之地。

僑民在海外幸運賺了大錢，都還是想落葉歸根，鼓浪嶼作為租界，在清末民初動盪的年代，除了外國人居住，也吸引大批的華僑在此置產，這些華僑當年抵達的東南亞，也是西方文化匯合之處，衣錦還鄉後，為了顯現自己是見過世面之人，將西方的洋式建築技術引進，也形成了特別的洋樓景觀，既有西方建築的風華，也有中國傳統風水的考量，呈現中西文化合璧的面貌。

鼓浪嶼島上的黃家花園，是一九一九年興建的豪宅群，原來是英商德記洋行副經理的住宅，由林爾嘉買下，後來又轉賣給黃奕住，並在原宅兩側建造對稱的兩幢別墅，稱「南北樓」，以安置家小；後來再拆去原宅，興建「中樓」，曾經是廈門政府的國賓館，接待過鄧小平、尼克森、李光耀等國家政要。

主人黃奕住是鼓浪嶼上富豪最具代表性的人物，也與廈門的現代化過程密不可分，當時廈門流

1．洋樓多是鼓浪嶼的特色之一
2．郵電大樓
3．耶穌君主堂

鼓浪嶼第一座教堂：協和禮拜堂

1863

1

行一句話：「要想富，就學黃奕住」，說明當時民間對他的欣賞和羨慕。黃奕住早年從廈門出發，從新加坡到蘇門答臘，再到印尼爪哇，從剃頭師到挑擔賣雜貨，再到經營咖啡攤，更進一步掌握時勢經營糖業生意，最後成為印尼糖王，從魯蛇到溫拿的故事，絕對是勵志戲劇的好題材。

之後黃奕住回到廈門鼓浪嶼定居，因為在印尼深受荷蘭銀行的刁難，他成立了中南銀行；建立廈門自來水公司，改善飲用水品質；接手廈門電話公司，使得通訊方便，採礦、興建鐵路、建新式樓房、興學，他具有遠見地投資，帶動了廈門及近代中國現代化的翻轉。

海上花園，建築的爭奇鬥豔

而賣房給黃奕住的林爾嘉，是台灣五大家族板橋林家的後代，他自己也在鼓浪嶼興建了菽莊花園，取名「菽莊」乃主人的字。菽莊花園建於一九

一三年，是為了懷念台灣的板橋故居而修建的，園內分藏海及補山兩園，各有五景，互相襯托，融合天然與人工之巧妙為一體。

藏海園面積不大，但漲潮時海水會透過閘口漫進園內，就像利用四十四橋把海天之色借景於花園之中，「四十四橋」乃因主人建橋時正是四十四歲；補山園是用各色粒岩堆砌而成十二洞天，按十二生肖來排列，在當時，也有家河破碎極需修補之意，因為一八九四年的甲午戰爭後，台灣割讓給日本，林爾嘉父子不願當亡國奴，才遷到鼓浪嶼居住建造

1. 菽莊花園全景
2. 補山園
3. 藏海園

菽莊花園。

板橋林家在鼓浪嶼蓋的另一棟醒目建築是八卦樓，是林家三房林鶴壽所建，在日光岩便能看到，同樣在台灣割讓給日本後來到此處，林鶴壽看到鼓浪嶼上的別墅都是洋人蓋的，沒有中國人，便立志要蓋棟大別墅，果然有錢人就是任性。

別墅設計使用了巴勒斯坦、古希臘、義大利和中國的古典建築手法，融合成多種藝術相結合的獨特仿古歐式建築，眼看他起高樓，眼看他樓塌了，林鶴壽耗盡家產只為了成就這棟別墅，下場以破產告終。

黨國功臣，將軍之家

除了板橋林家，霧峰林家在台灣割讓給日本之後，也將財產重新配置在離台灣最近，相對安全的鼓浪嶼做風險控管，霧峰林家第五代族長林文察因有戰功，死後被追封太子太保，因此林家宅第便被

菽莊花園內的林爾嘉像

稱作「宮保第」。

《馬關條約》簽訂之後，林文察的兒子，清法戰爭名將林朝棟，帶著孫子林祖密來到鼓浪嶼定居，一九一五年，孫中山派人到此和林祖密聯繫，邀請他參加中華革命黨，擔任閩南軍司令，所以林家在鼓浪嶼的府邸，也被稱作是「將軍府」。

不論是外國人或是在海外經商有成的華僑，他們為租界帶來的不只是外在華麗炫富的建築，更內在的是全新的生活經驗與態度，例如法治、守時、都市計劃、城市管理等價值，這些是工業革命之後西方國家富強的關鍵，對照當時破敗的中國，租界無疑是天堂、另一個世界，是最接近西洋先進文明的地方，但也可能因此使得華人總有一種外國的月亮比較圓的心態，直至今日仍影響深遠。

周邊景點

福建土樓

福建土樓是世界獨一無二的山區大型夯土民居形式，因為因應農業社會與防禦敵人的需求而產生，土樓多半依山而建，而且利用就地取材而成，成為極具特色的傳統民居。分布於福建省永定縣、南靖縣、華安縣等地，於二〇〇八年七月正式被列入世界文化遺產名錄。

注意事項

1. 鼓浪嶼全島無機動車輛，都需步行，所以要穿好走的鞋子。
2. 要避開人潮，可安排在鼓浪嶼住上一晚，第二天早上趁遊客尚未到達之前，可享有較多幽靜。

廣角側寫

借住於此的短暫過客

攤開近代中國史，彷彿是一段民族自信心不斷遭到踐踏侮辱的輪迴歷程，兵敗後割地賠款、任人宰割，接著又被看破手腳：如此龐大的王朝，原不過是隻紙糊老虎，隨即引來另一群豺狼虎豹的覬覦，這似乎成了一種惡性循環，同時也因太過頻繁地被侵略，讓人往往在接觸這段歷史時，都會陷入一團理不清的混亂中。西方在十八世紀工業革命後，以機器取代大量人力，為了尋找穩定的原料、便宜的勞工、廣大的市場，於是挾著船堅炮利紛紛前來東方。在一八四〇年的鴉片戰爭中，清朝與英國簽訂《南京條約》，條約中清政府除了將香港割讓給英國外，也得向英方開放沿海的廣州、福州、廈門、寧波、上海五處港口，進行貿易通商。

當年交通不像現在那麼方便，長途跋涉來中國的英國人，勢必要就近住在這些通商口岸的城市，但畢竟生活習慣差異太大，再加上國仇心態發酵，中國人不願出租，就算有人願意，也會引來他人的訕罵攻擊，英國人反而落得有錢也找不到地方住的窘境。

於是英國和清朝政府商量，希望直接圈地租借，提供英國人在華住所，因此在一八四五年，上海道台與英國領事訂立《上海租地章程》，設立上海英租界，這是全中國最早的租界，此後，美租界、法租界相繼設立。

當時上海只是一座小縣城，尚看不到十里洋場的繁華，對清朝政府來說，租地給英國人是一石二鳥之計，一來解決華洋混居所產生的文化誤解與衝突，二來還有租金收入，所以租界談不上什麼民族大義國仇家恨，反而是自願租借解決問題的良方。

對英國人來說，尋找租界最佳地點並非是已經發展齊全的城市，反而希望是荒蕪之地，因為可以用低廉價格承租，並從頭打造成自己習慣的城市樣貌，像上海最著名的石庫門建築，便是英國人融合江南民居和英國傳統排屋興建而成的，出售給因時局動亂，想要在外國租界安身立命的民眾，那時有錢人買的就是獨棟西式別墅，而這些建築，現在也都成為了老上海的風華。

租界最重要考量是交通便利，水運是當時最便捷的交通方式，所以包括上海以及後來陸續建立的租界，都有河、海運樞紐便捷的共同特徵。

有人說：「要看中國千年的歷史到西安，要看五百年的歷史到北京，要看百年的歷史就得到上海。」上海的繁華便是沿著黃浦江外灘發展，這邊就是當時租界的心臟地區，外灘一整排的西方建築，號稱「萬國建築博覽群」，跟今天房地產造鎮計劃一樣，當年來華做生意的英國人完全從商業利益為出發點，在不毛之地的商業發展，加上西方人帶來的城市規劃、都市管理方法、法治觀念、學術思想等等無形價值，使得租界成為當時晦暗的中國晦暗中的一盞明燈。

許多政商名人一定得在租界弄個套房，不僅象徵自身的地位，更重要的，也是當時生活在動盪中國下的一張保險，就像俗語說的：「寧要外灘一張床，不要浦東一棟房。」

而天津是租界最多的城市，因為在北京天子腳下的政治方便，又有海河的便捷河運，因此共有九國在這裡設租界。

10 希臘 文明之火的起源

項目名稱：雅典衛城（Acropolis, Athens）
登錄年代：一九八七年
遺產種類：文化遺產

項目名稱：德爾菲考古遺址（Archaeological Site of Delphi）
登錄年代：一九八七年
遺產種類：文化遺產

項目名稱：奧林匹亞考古遺址（Archaeological Site of Olympia）
登錄年代：一九八九年
遺產種類：文化遺產

國名
希臘共和國（Hellenic Republic）

人口
約一千一百萬人。

語言
官方語言為希臘語。

氣候
希臘屬地中海型氣候，最大特徵為夏乾冬雨，除冬季外，幾乎不會下雨，全境日照充足。

簽證
可以免申根簽證進入希臘，停留日數為不可超過九十天。

匯率
1新台幣約合0.03歐元（EUR）。

時差
較台灣時間慢六小時。

交通資訊
台灣並無直飛希臘航班，需從亞洲各航點轉機前往。

位在巴爾幹半島最南端的希臘，是西方文明的起源地，在邁錫尼文明被北方多利安人消滅後，希臘進入長達三百年的的黑暗時期，歷經黑暗後的光明，帶來各自擁有政府和軍隊的城市，再加上境內崎嶇多山，獨特地形環境提供屏障，一座城市就是一個獨立的邦國，促成差異性城邦興起，開啟輝煌的古希臘文明，「山頭林立」這句成語應該頗能說明當時的狀況。

但眾多希臘城邦並不只單純分布在今日希臘，環地中海區域包括土耳其、賽普勒斯、馬其頓、義大利等都有受到希臘文化影響的城邦國，其中最為世人熟知的，分別是雅典和斯巴達。

雅典以民主制度著名，而斯巴達則是與其天差地遠的軍事寡頭統治，雖然政治體制不盡相同，但兩國卻曾為了共同守護城邦文明價值，率領希臘聯軍與東方波斯帝國交戰。

女神榮光照耀之城

今日雅典是希臘的首都，在希臘神話裡，戰神雅典娜和海神波塞頓為爭奪城市守護權，在協調後，決定誰能給雅典人最需要的東西，就可以成為雅典的守護神。雅典娜將她的槍射向大地，化為一株橄欖樹，贏得喝采，勝過了海神，橄欖文明也由此而生。雅典人以女神的庇護為榮，雅典此後歸於戰神雅典娜（Athina），城市也因此得名。

傳說中，雅典娜出生時穿著盔甲從宙斯腦袋中跳出來，她是都市女神，也是文明生活和工藝的保護者。作為一個代表都會的象徵，她的確讓城市注入了真實與虛幻交錯的生命力。

世界各大城市都有屬於其精神和文化獨一無二的象徵，像紐約的自由女神；巴黎的艾菲爾鐵塔，在雅典，地標建築絕對不做他想，肯定就是衛城（Acropolis）。Acropolis 原意是「高處的城邦」，當你親眼目睹高高在上的建築，馬上就可以了解字

雅典宙斯神殿

帕德嫩神廟

愛奧尼亞柱式

面的含意。

城內一角：美與秩序的共存顯現

被聯合國列為世界遺產，建於西元前五世紀的衛城，位於雅典一座約七十公尺的台地上，總體布局居高臨下，是由堅固防護牆壁拱衛著的山崗城市。羅馬帝國時代，它成了基督教堂，土耳其占領時期，又成了清真寺及火藥庫。

希臘早期建築是用木頭構架，到公元前七世紀之末，除了屋架之外，已經全用石材建造了。石造的大型廟宇在構件形式、比例和相互組合上，有相當穩定成套的做法，這套做法被羅馬人稱為柱式（order），也是秩序一詞的來源。

衛城的柱式分為三種：一種是小亞細亞共和城邦的愛奧尼亞式（Ionian）、一種是義大利、西西里一帶寡頭制城邦的多立克式（Doric）、另一種是出現最晚的科林斯式（Corinthian）。

愛奧尼亞式比較秀美華麗，比例輕快，反映著從事手工業和商業的平民們的藝術趣味，柱頂或柱首部分之兩端，有捲渦狀紋飾，柱深或柱幹較細而修長，鑿挖的長形凹槽也較密集，位於衛城內的伊瑞克提翁廟的石柱，即為此一類型；多立克柱式粗笨，受古埃及建築的影響，反映著寡頭貴族的藝術趣味，帕德嫩神廟是代表；而科林斯式有柱礎或柱基，柱頂或柱首部分有羊齒類花草集結狀之裝飾，位於雅典的宙斯神殿之石柱即屬此一形式。

除了這三種傳統類型外，伊瑞克提翁廟的另一側，還有一種特別的柱式，是以六根大理石雕刻而成的少女像柱代替石柱撐起屋頂。當時令建築師傷腦筋的實際問題是：少女的脖子太過纖細，怕無法支撐屋頂的重量而造成斷裂。

於是建築師把少女雕刻成擁有一縷濃密秀髮的模樣，綁起來的頭髮和脖子交會在一起，使得頸部加粗，再於頭頂加上花籃，成功地解決了建築實用與美學上的難題。不過這裡只有一根是真品，其他皆為贗作，另外的五根，有四根保存在衛城博物館，還有一根被大英博物館收藏。

衛城建築群：描摹希臘的經典輪廓

衛城內建築集中，反映古希臘的建築成就，是世界建築史和藝術史上的珍品。建築總負責人是雕刻家菲迪亞斯（Pheidias）。衛城建築雖歷經破壞，但留下的遺跡仍有很多供後世建築借鑒之處。

在衛城內最重要的一座建築，絕對是完成於西元前四三二年的帕德嫩（Parthnon）神殿，就是祭祀雅典娜女神之用，聯合國教科文組織的標誌也是以神廟為藍圖繪製。Parthnon是處女之意，據說當時雅典娜神像高達十二公尺，由象牙及黃金打造，中空用木頭支撐起的神像，因為雅典氣候乾燥之故，每到夜晚木頭乾裂就會發出嘰嘰的怪聲，後來人們在神殿裡頭設置了橄欖油池，不僅濕潤了木頭，也算是雅典人對雅典娜賜與橄欖的感謝之意。

列柱式建築

整座神殿用皎白堅硬的大理石建成，雖是笨重的石材，卻又不讓人覺得沉重。所有巨大石柱都是向內傾斜，而非互相平行，因而使得神廟看來穩重而鞏固。如果都平行，會讓人產生向外彎的錯覺，這種應用了視差校正手法加強效果的技術，被認為是現存建築最具美感的不朽傑作。不管在哪一個角度眺望，帕德嫩神殿都和諧而完美。

衛城山腳邊的阿提庫斯古劇場經過整修後，每在夏季，總會舉辦一系列的音樂季活動，讓古希臘的盛況再現。半圓形的劇場音效極佳，在舞台中央丟一枚銅板，最上層的觀眾一樣聽得一清二楚。金黃色的燈光照亮古老的舞台石壁，皎潔的明月莊嚴地從神殿後方升起，照亮千年如一日的雅典古城，不禁令人感到肅穆。

人神共處的黃金年代

相較雅典的政治中心角色，德爾菲（Delphi）

阿提庫斯古劇場

伊瑞克提翁神廟

就是希臘世界的信仰中心，神會從這裡傳達祂的意旨，相傳天神宙斯從地球的相反兩極放出兩隻老鷹，使之相向飛行，最後在此地相會。如今在德爾菲博物館中，還有作為標記的巨石，被稱為「世界的肚臍」，用來佐證這段介於神話與事實間的故事。

古代希臘人雖然在各領域都有不朽成就，但其實還是相當迷信，日常生活小到個人健康，大到帶兵出征都需要請示神諭，神諭也警告伊底帕斯（Oedipus），說他將會殺死父親、並與自己的母親結婚，雖然他不斷抵抗，終究對命運束手就擒。

而古希臘最出名的神諭，就是在德爾菲的阿波羅神殿宣布，以大理石建成的阿波羅神殿，依舊矗立著多立克式的列柱，週邊還有露天劇場、雅典娜神殿等建築。通往神殿的「聖路」兩旁有希臘各邦為供神而建的祭壇、柱廊及紀念碑遺跡。早在西元前六世紀，就已經成為宗教中心和古希臘世界統一的象徵。

1

站在寬廣的古運動場上，起跑線高高突起，每個遊客來到這裡，總會在此跑上一段，想像自己是競技場上迎風奔馳的選手，正接受著兩邊看台上群眾的加油歡呼。心情可以模擬一二，只不過有一點不同的是，根據記載，當年運動員是全裸上陣，這可不是每個現代人都學得來的。

古代奧運會在西元三九三年停辦。這個強調人類力與美展現的競技大會，在停辦一千五百多年之後，於一八九六年在法國人古伯汀的鼓吹下重新在希臘雅典舉行。舉辦第一屆現代奧運的體育場，位於雅典市中心，是座以白色大理石為主體的建築，在希臘溫暖的陽光照耀下顯得晶瑩無暇，外觀看來

1．德爾菲劇場
2．溫泉關古戰場
3．古奧林匹亞運動場
4．世界的肚臍

比現代任何一座場館都來得小許多，但已足夠當時僅有兩百四十五名運動員參加的規模。這裡原本是古羅馬帝國時期的競技場舊址，也曾經有許多激烈的纏鬥在此上演。如今運動場雖已不作競賽用途，但似乎仍能聽到當年激烈競賽時的歡呼及喝采。運動場的一角，以希臘文刻著自一八九六年來歷屆奧運的主辦國，相當具有意義，也是奧運溯源不可錯過的一站。

周邊景點

邁錫尼遺址

伯羅奔尼撒半島的邁錫尼城，是古希臘青銅器時代的最後階段，在墓穴中，發現黃金面具「阿伽門農面具」，現存於雅典考古博物館中。阿伽門農是特洛伊戰爭中希臘聯軍的領導者，遺址西北角的「獅子門」，為古城之要衝，也是當年聯軍出發之處。

注意事項

1. 希臘日照天數長，紫外線強烈，要做好防曬措施。
2. 除雅典外，希臘其他地方生活步調緩慢，需要多點耐心。
3. 相較歐洲其他國家，希臘治安相對良好。

廣角側寫

在歷史洪流中 前仆後繼的希臘勇士

西元前五五〇年，居魯士大帝創建波斯帝國，當時在土耳其靠近愛琴海附近的愛奧尼亞城邦為了脫離波斯統治，不斷反抗，波斯認為是希臘的其他城邦從中煽動，再加上全盤戰略考量，於是決定先發制人，在西元前四九〇到四四九年間發動三次的波希戰爭。

三次戰爭裡，希臘城邦都是以寡敵眾之姿，出乎意外地擊退來犯的波斯大軍，今日的馬拉松運動，就是起源於第一次戰爭中，雅典軍隊在馬拉松平原打敗波斯，其中一位名叫菲迪皮德斯的士兵一路不停歇地跑回雅典告知這天大的好消息，這段距離就成為現代馬拉松四十二點一九五公里的由來；還有斯巴達國王列奧尼達率三百精兵死守，為後方的希臘聯軍爭取更多準備時間，造就可歌可泣的溫泉關之役。

波希戰爭的告捷，無疑為希臘的城邦制度帶來極大信心，但原本聯手退敵的雅典與斯巴達，卻因利益抵觸而開始追求獨霸地位，以雅典為首的提洛同盟，以及以斯巴達為首的伯羅奔尼薩聯盟，從西元前四三一年到四〇四年，展開長達二十七年的伯羅奔尼薩戰爭，是希臘城邦的內戰，也算得上是當時的世界大戰，幾乎所有的城邦被迫選邊站，無可避免捲入這場毀滅性的戰爭，古希臘黃金時代結束了，各城邦間的均衡關係也徹底被打破，斯巴達雖然贏得戰果，但卻並非真正贏家，過沒多久，來自北方的馬其頓城邦腓力二世以及他的兒子亞歷山大大帝躍上歷史舞台，斯巴達只能黯然退場。

日本

緬懷逝去的人們

項目名稱：廣島和平紀念館（Hiroshima Peace Memorial）
登錄年代：一九九六年
遺產種類：文化遺產

11

國名
日本國（Japan）

人口
約一億兩千萬人。

語言

日語。

氣候

日本以溫帶季風氣候為主，但由於日本島嶼延伸得很長，因此全國各地氣候仍然有很大不同，廣島氣候溫暖，降雨少，最冷的一月，平均溫度約為攝氏六點四度，在最熱的八月，平均溫度約為攝氏二十八點五度。

簽證

免簽。

匯率

1新台幣約合3.7日圓（JPY）。

時差

較台灣快一小時。

交通資訊

可搭乘華航、長榮、日航等航班至大阪關西機場。亦有數家廉價航空飛往日本東京及大阪等重要都市。

最初美軍共選定了東京、京都、廣島、長崎、小倉、新潟等六座城市作為投擲原子彈的目標，經過各種考量，最後選擇了廣島與長崎。廣島算是日本的陸軍之城，第二總司令部也設立在此，能有效地打擊日軍的陸軍部隊；而長崎是工業發達城市，造船能力更是強大，是海軍的後勤保障基地，投彈後日本海軍也將面臨重創。

至於原本選中的京都，據說美軍有一高級軍官蜜月在京都度過，非常喜歡這座城市，所以獨排眾議避開這座歷史文化古城，不論真假，幸好沒有在京都投彈，否則日本雖多了一處原爆點世界遺產，但另一座同屬世界遺產的京都，卻會永遠在世上消失了。

被永遠定格的八點十五分

原子彈目標原本是廣島太田川上的T字型大橋：相生橋，但因些許偏差，實際爆點是在相生橋東南方的島醫院上空六百公尺。原子彈的可怕在於過程第一波的衝擊波和氣浪，半徑兩公里範圍內的房屋幾乎是全部夷平，血肉之軀更是瞬間氣化；再者就是熱傷害，許多木頭房屋達到著火點會自燃，後續還包括輻射放射線的影響，甚至原子彈爆炸產生的巨大蕈狀雲，含有大量放射性落下灰，和水汽結合在一起形成黑雨，這種具高放射性的雨污染了河流，許多人飲用後在數日內便死亡。

在原爆中，有許多無辜的兒童來不及長大就喪失了性命，為了紀念他們，也提醒後人不要再發生同樣的悲劇，在廣島和平紀念公園裡設有一座原爆之子的雕像。這座雕像是一個女孩舉著一隻紙鶴，是以一位名叫佐佐木禎子的女孩為藍本，原爆時她才兩歲，在原爆點一點七公里的家中奇蹟似地逃過一劫，但在十一歲時，她的頸部周圍開始長出硬疙瘩，進而導致臉部腫脹，後來確診為白血病，原來當時禎子曾經被充滿放射性的黑雨淋到，就算已經經過了這麼長的時間，放射線感染依舊威脅著她的

原爆之子

生命。

乘著翅膀飛翔的和平祈願

在日本傳統文化中，折出一千隻紙鶴可以實現一個願望，而她的願望是希望世界不再有核武器，日本在戰後物資缺乏，展示館內陳列著小女孩用包裝藥物的玻璃紙摺成的紙鶴，來自世界各地憑弔的人們也在紀念碑前放上了紙鶴，象徵祈求世界和平，最有名的是美國前總統歐巴馬所摺的。

在二〇一六年，身為投彈國首位拜訪原爆地的美國現任總統到訪致意，具有重大的歷史意義，對於當時造成如此巨大的傷亡，他表示遺憾並沒有道歉，許多人認為，投擲原子彈是必要之惡，是為了終結戰爭和拯救更多無辜的生命，當然，身受其害的日本人是無法接受的，戰爭就是如此殘酷，就算事過境遷，陰影與創傷始終在那個世代的人心頭上揮之不去。

劫後餘生，回歸日常步調

在幾乎片甲不留的焦土中，竟然有棟建築奇蹟似地保存下來，原爆圓頂屋（A-Bomb Dome）目前成為了廣島原爆世界遺產的指標性意象。這座建築在一九一〇年落成，是由捷克建築師所設計的一座新古典主義建築，採部分磚造部分鋼筋混凝土構造，外覆石材與砂漿修飾，並以銅製的圓頂覆蓋其上。最早是「廣島縣物產陳列館」，一九三三年更名為「廣島縣產業獎勵館」，為當時廣島當地重要的會展場地。

過了河之後，沿著長形水池往前就是原爆受難者慰靈碑，這是建築師丹下健三(Kenzo Tange)的設計概念，混凝土打造的馬鞍形拱門，保護紀念碑受難者的亡靈，站在前面追思，抬起頭之後看到和平火焰以及位於遠方的原爆圓頂屋，視線穿透聚焦於中軸線上，人們似乎透過建築語彙看清了戰爭的醜陋與本質，但卻始終無法阻擋一次又一次的戰爭

和平之鐘

發生。

重建後的相生橋上車輛穿流不息，還包括成立於一九一〇年，已超過百年歷史的廣島電鐵路面電車，雖然經歷過原子彈的無情洗禮，電鐵當時的一百二十三輛電車中，有一百零八輛被燒毀，軌道更是嚴重毀壞無法營運。但廣島電鐵只花了三天時間，又重新開始營運，成為廣島復興的標誌，也是人間煉獄中少數會動的東西，承載廣島市民的希望。

目前廣島電鐵有兩百六十九輛電車，軌道總長三十五公里，分為九條路線，串聯起這座城市，是全日本最大的路面電車網，廣島電鐵如同廣島這座城市的血管，輸送讓城市運作之人與物的養分。當年經歷災難留存下來的六五〇型號電車，共有四台，不定期地也會行駛在路線上，作為歷史見證者。

歷史，不斷地重蹈覆轍

從一八六八年的明治維新，到一九四五年於二

原爆受難者慰靈碑

次大戰中淪為戰敗國，短短的七十七年中，日本面臨到政治體制、社會制度、生活習慣，乃至心情起伏翻天覆地的變化，一步步成功帶來的自大自傲，終於替國家帶來悲劇般的毀滅，也帶給全世界無法彌補的傷痛。

日本首相安倍晉三上任後，又想修改日本憲法，讓人擔心是否軍國主義又將死灰復燃。人類真的學到教訓了嗎？重蹈覆轍的例子在現今世界依舊屢見不鮮，受難者慰靈碑上銘刻了一段墓誌銘，意為「願所有的亡靈永遠安息，願生者不重蹈覆轍」，看來十足的諷刺。

世界文化遺產雖然多半是硬梆梆的建築紀念物，但它們是有感情的，左右著參觀者的情緒，在廣島和平紀念館偌大的空間裡，雖然沒有經歷那樣的過程，但每一件展品，每一幅照片，每一件罹難者的遺物，都讓人如此揪心。每個人的心中應該只有一個願望：「戰爭遠離，世界和平」，雖然這個願望是那麼的難以實踐。

和平是人心之嚮往

原爆後唯一倖存的圓頂屋

廣島路面電車

注意事項

1. 日本是個公共道德水準較高的社會，無論男女老少，都很注意維持和保護周圍的公共環境，並自覺地遵守社會公德。電車與地鐵皆禁止打手機，且要求將手機調至靜音模式。在優先席附近則需要關閉手機電源。
2. 國人喜歡至日本購買藥品、酒等物品，但入境時有所限制，相關規定請見關務署網站http://web.customs.gov.tw。

周邊景點

宮島神社

修建於廣島瀨戶內海海濱潮間帶上的宮島神社，和宮城縣的松島及京都府的天橋立並稱日本三景。最著名的就是位於海上的大鳥居，島上的名產是牡蠣。一九九六年被列為世界遺產，是廣島境內的第二處世界遺產。

廣角側寫

軍國主義的誕生及招致的自我毀滅

在大家的印象中，日本是由許多藩鎮形成的政治組合體，從幕府時期開始，日本就存在軍人執政的歷史，征夷大將軍雖然由天皇任命，但實際上也就是「挾天子以令諸侯」，形成了特殊的武士階級，衍生出武士道精神，一直影響日本文化至深。

日本在明治維新之後，實施廢藩置縣，廢除階級制度，積極在各方面向西方學習，希望能脱亞入歐，擺脱亞洲國家淪為歐美列強殖民統治的悲慘宿命，政治上學習英國內閣制度，司法上學習法國典章，對後世影響最深遠的，是軍事上學習當時的普魯士王國，連日本男學生的制服「詰襟」都是仿照普魯士陸軍軍服，甚至當時中國留日學生也都穿這個制服，經過改良之後成為中山裝。

日本不只是模仿外表服裝而已，還派出留學生前往德國學習，仿效普魯士

設置陸軍參謀部，直屬於天皇，掌管軍令大權，有效收編因維新制度實施後不滿的武士階級，實行「統帥權獨立」，即天皇總攬軍事統帥權，軍事將領可以不經過內閣，直接上奏天皇，由天皇裁斷戰事，使軍部獨立於議會、內閣，無法受到監督，隨著軍部勢力擴張，形成軍國主義體制。

新建立的軍隊在一八九四年因朝鮮問題而爆發的甲午戰爭中，打敗了鄰居清朝的北洋艦隊，這場變法圖強後第一次大規模的對外戰爭，使得日本人開始意識到自己作為國家國民的一部分，應該不分彼此去支持軍隊，在這之前都是諸侯藩鎮各據一方，為一己之私各懷鬼胎的狀態。

甲午戰爭只是小試牛刀，因為對付已經積弱不振，外患頻頻的清朝，像是打落水狗一樣，即便取得勝利也不意外，直到一九〇四年，日本在日俄戰爭打敗帝俄，這可是近代史上亞洲國家打敗歐洲國家的第一個主要戰事，不僅讓日本國內軍國主義的力量上升，更讓歐美列強刮目相看，取得平起平坐的新帝國主義地位。

疆域版圖遼闊，從歐洲到遠東地區的帝俄，由於遠東地區除了海參崴的港口能在夏季運作，始終缺乏鄰近太平洋的不凍港供其艦隊使用，日本在甲午戰爭中獲勝後簽訂《馬關條約》，接收了臺灣、澎湖及遼東半島，破壞了帝俄取得遠東不凍港的戰略意圖，遂聯合德國和法國出面要求日本放棄遼東半島，雙方於是結下樑子。

帝俄在干涉日本取得遼東半島後跟清朝邀功，雙方簽訂密約，租借旅順港供帝俄軍艦使用，在東北興建鐵路、設公司，東北成為了帝俄的勢力範圍，嚴重威脅到日本的利益，這一連串的衝突矛盾，終究必須得靠戰爭來解決，而在帝俄戰敗後，人民對沙皇的不滿情

緒日益高漲，再加上經濟發展停滯和厭戰氣氛，導致最後蘇維埃政權推翻帝制，建立工農為主的紅色政權，而野心勃勃的日本也逐漸地取代帝俄在東北的利益版圖，成立魁儡政權的滿州國，作為侵華的跳板。

隨著民族自信心的快速膨脹，日本在亞洲逐漸擴張勢力，進而主張包括東亞、東北亞、南亞和大洋洲等地，在日本帶領下從歐美列強統治中解放，建立「相互尊重、彼此獨立」、「共存共榮新秩序」的政治聯合體，美其名叫「大東亞共榮圈」，實際上凡事只從日本自身利益為著眼點，透過受其控制的魁儡政權，來遂行徵集資源、資材和勞動力，長期進行戰爭等邪惡行徑的目的。

日本同時與歐洲的德國與義大利組成軸心國，於第二次世界大戰掀起國際和平的滔天巨浪，在日本鋌而走險地偷襲美國夏威夷的珍珠港基地後，美國正式參戰，對於同盟國提供人員及資源上的強力挹注。

在歐戰結束之後，僅剩下亞洲戰場，這時日本已是強弩之末，為了盡快結束戰事，在一九四五年的八月六日及九日，美軍分別在廣島及長崎投擲原子彈，以近乎毀滅的方式促使日本最後不得不投降。

中國

沙漠中的黃金走廊

項目名稱：絲路：絲綢之路原始區段，天山走廊路線網（Silk Roads:Initial Section of the Silk Roads,Athe Routes Network of Tian-shan Corridor）

登錄年代：二〇一四年

遺產種類：文化遺產

12

國名

中華人民共和國（People's Republic of China）

人口

十四億人。

語言

中文，在新疆地區有許多民族語言。

氣候

新疆為大陸性氣候。氣溫變化大，日照時間長，降水量少，空氣乾燥。一般來說，冬季氣溫北疆高於南疆，夏季氣溫南疆高於北疆。

簽證

持有效之台胞證。

匯率

1新台幣約合0.2人民幣（CNY）。

時差

與台灣無時差。

交通資訊

台灣有華航、南航直飛烏魯木齊，也可經由香港及大陸各主要城市前往。

自古至今，人類文明雖各自發展，在各地造就出迥然不同的燦爛文化，但始終有隻看不到的手在這些文明間穿針引線，使得東西文明之間能夠互補融合，碰撞出更令人驚豔的火花，這綹線是條通貿大道，十九世紀末，德國地理學家李希霍芬把這條連接中國與西方的交通網，命名為絲綢之路，從此以後這個名詞便廣泛被使用。

時至今日，區域整合與串聯合作早已成為顯學，一帶（絲路經濟帶）一路（海上絲路）更是中國雄心萬丈擘畫出未來共榮共生的遠景，背後基礎便是便捷的交通。

現在世界拜交通科技進步之賜，早已經成為天涯若比鄰的狀況，可說牽一髮而動全身，國與國之間的往來頻繁，雖有國界卻又感覺近在咫尺，而人們對於不同國家的文化風俗也始終保持好奇心，舉凡政治、經濟、旅遊都仰賴交通。

「交通」乃是交流暢通，包括路、電、郵、輪，涉及人流、物流、電流、資訊流交匯往來。事實上，人類文明在發展過程中，對於世界的探索與交流未曾中斷，如果說現在是個全球化的世界，那麼早在西元前二世紀時，地球上就因為絲路出現人類文明史上第一次的全球化。

路線的起始：張騫出西域

故事從西元前一三九年揭開序幕，探險家張騫奉漢武帝之命出使西域，目的是要說服在今日阿富汗的大月氏，聯合起來對付外患匈奴，但張騫出發沒多久就被匈奴抓捕軟禁，過了十一年後，他趁匈奴內亂逃出，不辱使命終於到達大月氏，但情勢早已更迭，雖然最後沒有達成漢武帝賦予他聯合次要敵人，打擊主要敵人的任務，卻帶回當時西域各國許多情報，這些寶貴資料，助使後來衛青、霍去病能夠大破匈奴，更讓漢武帝想要了解中土外的天地，因此，之後又派遣張騫第二次出使西域，帶出更多中國物品饋贈各國，因此擴展了漢朝外交與國力，也加速了東西方文化的交流。

張騫的成就，連相隔兩千多年的梁啟超都稱讚他「堅忍磊落奇男子，世界史開幕第一人」。張騫開拓的這一條路線，也就是今日的絲綢之路中線，主要在天山南麓。

歷史聚光燈聚焦在張騫身上，不過東西方之間的貨物與文化，可能早在他之前就開始，在《穆天子傳》中曾提到西周穆王曾經「賓於西王母，觴於瑤池之上」，西王母可能是當時新疆地區的部落女首領，也演變為民間信仰中的重要角色，商代出土的大量玉器也有許多來自新疆地區，漢代絲路上的玉門關，就因西域輸入玉石取道於此而得名。

自張騫出使西域，漢朝設立河西四郡及西域都護府，到東漢投筆從戎的班超，利用軍事與外交手段，降服了西域五十多國，不僅留下「不入虎穴焉得虎子」的名句，還派遣副將甘英出使大秦（羅馬帝國），穩固了這條商旅不絕於途之交通要道的往來安全。

沙漠中的胡楊木

帕米爾高原上的盤龍公路

直探亞洲咽喉，沙漠駝鈴的悠揚樂曲

絲路從長安出發，一路往西經過河套地區，出了陽關與玉門關之後，就算真正進入廣袤的西域，受到地形的影響，北中南三路都是沿著天山山脈和塔克拉瑪干沙漠的邊緣西行，西域各國也是依著天山流下來形成的綠洲而為富饒之地。

到了唐朝，這個中國歷史上最開放的朝代，首都長安城就是一個國際化都會，唐太宗被各國稱為天可汗，各方前來的胡人以及各項中土與西域的物產，更加開啟雙方視野與想像。在漢代天山南麓絲綢之路的基礎下，唐代開闢了另一條經由天山北麓的草原絲綢之路，今日保存的唐三彩有許多胡人造型，間接勾勒出當時的社會樣貌。

但絲路不僅是「絲綢之路」，也有「皮毛之路」、「玉石之路」、「珠寶之路」和「香料之路」的別稱，可見運輸商品的多樣性。它還扮演了政治、宗教、農業、軍事、貿易等各層面的交流與衝突，

1

2

3

商隊從中國主要運出鐵器、金器、銀器、鏡子和其他的豪華製品；運往中國的是稀有動物和鳥類、植物、皮貨、藥材、香料、珠寶首飾。食物裡的葡萄、核桃、胡蘿蔔、胡椒、胡豆、波菜、黃瓜等的傳入，為東亞人的日常飲食增添更多的選擇，而西域特產的葡萄酒經過歷史的發展，也融入到中國的傳統酒文化當中。

中國音樂也受到西域極大的影響，國樂器當中有許多來自西域，像是二胡、琵琶等，喜愛音律的唐玄宗譜的《霓裳羽衣曲》，當中就有大量的胡旋舞及胡樂，千萬別覺得我在「胡」說八道，當時胡人的說法可能不值一哂，但中西學識各有值得學習

1．克孜爾千佛洞的鳩摩羅什像
2．如畫般的谷地
3．草長馬壯的高山草原
4．千佛洞中壁畫

4

古代絲路已成柏油公路

之處，這也是透過交流後在文化上各自取長補短。

遠道而來的文化瑰寶

除了實質貨物外，藉由絲路影響更深遠的是思想與宗教。東漢明帝時，自西域傳來了中國第一部佛經：《四十二章經》及興建首座佛寺：洛陽白馬寺。但因缺乏翻譯人才，為了獲得第一手資料，方有後來的東晉法顯與唐代玄奘費盡千辛萬苦前往西天天竺（今印度）取經，同樣都是經由這條路徑。

到了魏晉南北朝時期，不論北朝的胡人或是南朝的漢人，許多在位的領導者也都篤信佛法，上有所好，下必甚焉，佛教在中國獲得空前發展，當時社會動盪不安，人們心靈需要宗教慰藉，也為佛教盛行提供大環境的配合，洛陽龍門石窟、山西雲岡石窟、敦煌莫高窟都記載了這段輝煌的時代。

融合的元素不只出現在中土大地，佛教原本沒有佛像，而是以蓮花、法輪等象徵物代表神佛，但

生活在高原的塔吉克人

希臘的亞歷山大大帝打到印度河西岸，帶來希臘圓雕工藝。位在今日巴基斯坦的犍陀羅是古代印度和希臘文明的交聚點，並結合了印度、波斯、希臘三種元素的藝術風格，自成一派的「犍陀羅藝術」就此誕生，對隋唐美術，尤其佛教藝術產生深遠影響。

在南疆庫車，昔日西域三十六國的龜茲古國，克孜爾千佛洞裡的觀音佛祖便和我們認知的截然不同，這裡的觀音佛祖是男相，腹部有著六塊肌，嘴邊甚至蓄鬍，和犍陀羅藝術中的佛像形象不謀而合，壁畫題材主要是與釋迦牟尼有關的種種事蹟，包括本生故事、因緣故事和佛傳故事，此外，天相圖、天宮伎樂、飛天和供養人等都是克孜爾石窟壁畫中有特色的藝術品。將這些佛教石窟串連成線，就可約略描繪出絲路路線。

除了從東方前往西方取經的僧人外，西域高僧也絡繹不絕於途，最著名的當屬鳩摩羅什。鳩摩羅什父親是天竺人，母親是西域大國龜茲國的公主，十三歲便已登台講經論法，名聲傳至前秦符堅耳

喀什老茶館

中，他派手下將領呂光出兵龜茲，欲把鳩摩羅什帶到中土，只可惜淝水之戰，前秦大敗，呂光創建後涼，後又被姚興的後秦所滅，最後鳩摩羅什在長安落腳，譯經弘法，他精通梵文與漢文，一生譯經三十二部，將原本有文化與語言藩籬的經典轉成大家可以理解的文句，例如「非色異空，非空異色；色即是空，空即是色」，對於佛教在中國的普及做出巨大貢獻。

除了佛教外，西方的景教、波斯的祆教、伊斯蘭教也陸續東傳。造紙術的西傳，也是在唐玄宗與阿拉伯帝國的怛羅斯之役（今哈薩克斯坦境內）後由被俘的造紙工匠引入，更使得伊斯蘭教入主中亞，取代了原本西域佛國林立的面貌。一條路牽動了世界的文明史，也左右了數十世紀的國際情勢。

無數文明的合流之地

即使至今，新概念的「能源」絲路凌駕過往的

古靈精怪的維吾爾族孩童

功能，這從中國主導，與中亞五國結盟的上海合作組織中便可窺見，這是絲路的新時代意義，依舊是戰略與經濟的考量。以往絲路以牲畜駝貨，今日的鐵路取代獸力，連接中國、哈薩克斯坦、土庫曼斯坦、伊朗、土耳其，通往歐洲，使古絲路再現。文化上的絲路也受到重視，中國與中亞國家聯合開展絲綢之路申遺，中國、哈薩克、吉爾吉斯三國共享絲綢之路做為世界遺產項目之一。

絲路在今日新疆分成三路，至中亞又分成五路，分別通往印度、伊朗、地中海等地；除了陸路外，還有從泉州、廣東出發，搭船往南洋繞過麻六甲海峽往印度、中東，最後抵達歐洲的海上絲綢之路。那時的全球化僅限於歐、亞、非大陸，這三片世界上相連最廣袤的陸塊，歷史上也經常休戚與共。誰掌握了絲路的交通要道，誰就有著龐大的貿易商機，當然也就能使國富民強，叱咤一方；但當政治腐敗，國衰民弱之際，這條路也就增加了更多的風險。

從中國長安到地中海岸，中國、波斯及羅馬這三巨頭，實質控制了一千多年的絲路歲月，其中雖然改朝換代，也有像西域三十六國、貴霜帝國、塞爾柱、阿拉伯帝國等大小林立的王朝勢力，但這三股勢力終究影響深遠，源遠流長。

面對全球化課題，回頭看看這段絲路上的歷史與古老城市的今昔對照，發現同中有異，異中亦有同，這是千年文化交通的結果。再對照積極發展一帶一路中的絲綢之路經濟帶，雖然在不同時間，但卻有著幾近雷同的軌跡與路線，人類行為模式基本上沒有改變，改變的是科技。進展與跨越，將使人類文明再度邁向一個交往與傳播的新里程碑。

注意事項

1.「朝穿皮襖午穿紗，圍著火爐吃西瓜」是新疆氣候典型的寫照。新疆氣候四季分明，全年晝夜溫差較大。不管在哪個季節前往，禦寒外套絕對必須攜帶。
2.新疆乾燥，紫外線照射較強，潤膚乳、防曬用品也是必帶品。
3.雖然與台灣無時差，但事實上已差兩個時區，所以夏季日落時間常是晚上十點之後，當地用餐時間也往後兩小時。
4.新疆多民族，且有許多穆斯林，記得尊重彼此生活習慣，避免談論有關「豬」的話題，以防引起誤會。
5.當地政治環境較封閉，所以盡量不要觸及政治上的話題。

周邊景點

天池

位在烏魯木齊近郊，天山博格達峰北麓的冰磧湖，據說此處就是西王母娘娘居住的瑤池。

克孜爾尕哈烽燧

位於庫車近郊，漢武帝時期，由於西域歸漢朝版圖，因此烽火台也在西域地區實施，作為軍事情報連絡使用，新疆境內就發現了數百座烽燧遺址。

第四章

美好豐饒的記憶

印尼

走進現實的侏羅紀公園

伊朗

擁抱真實的伊朗

紐西蘭

大自然的冰與火之歌

阿曼

上帝的汗珠

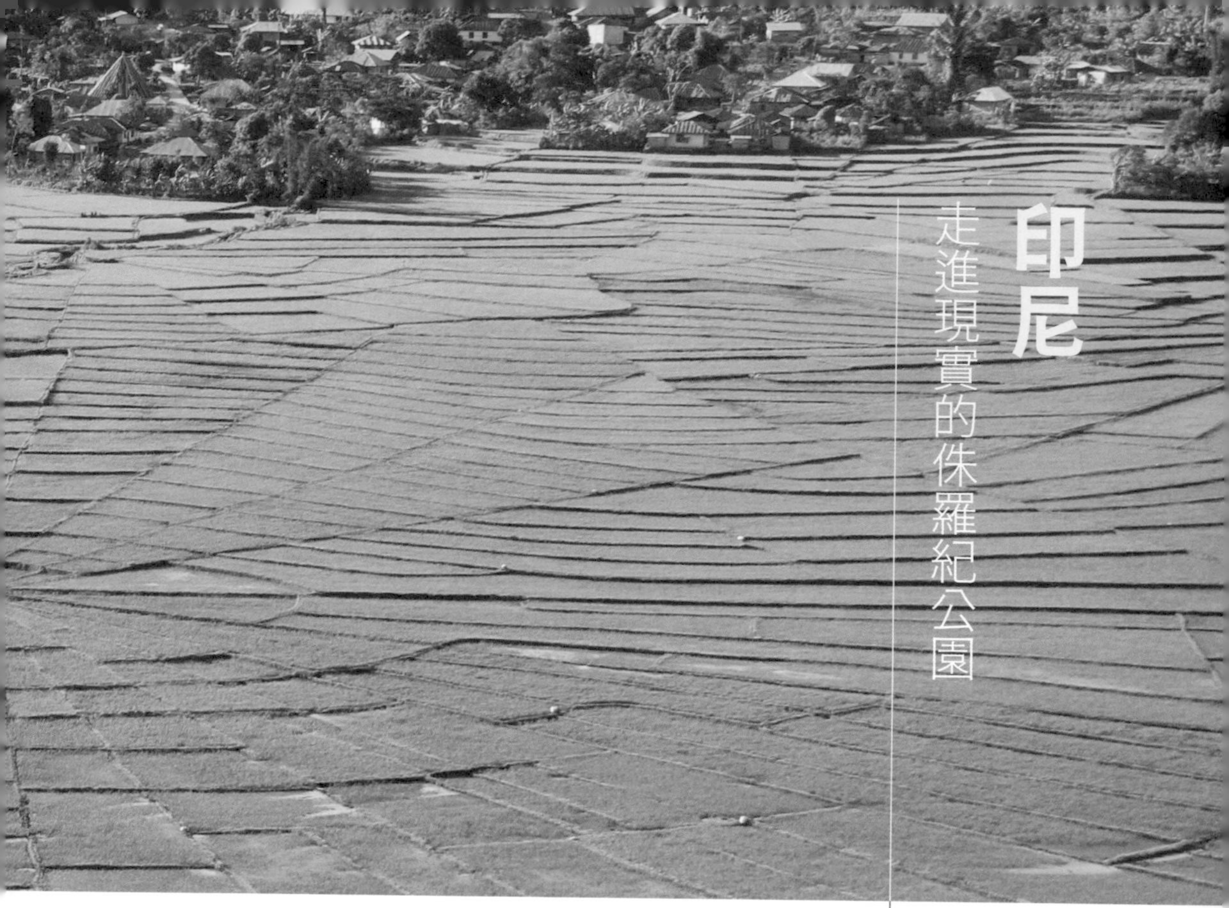

印尼，走進現實的侏羅紀公園

項目名稱：科摩多國家公園（Komodo National Park）
登錄年代：一九九一年
遺產種類：自然遺產

13

國名
印度尼西亞共和國（Republic of Indonesia）

人口
約二點八億人。

語言
官方語言為印尼語，但各島也都有屬於自己的方言，屬南島語系。

氣候

印尼國土橫跨赤道，多半屬於熱帶雨林氣候，十月至三月受亞洲及太平洋氣流影響，降雨量豐沛，為氣候涼爽之濕季；四月至十月受澳大利亞大陸性氣流影響，降雨量少，為氣候燥熱之乾季。

簽證

持台灣護照免簽三十天。

匯率

1新台幣約合497印尼盾（IDR），機場、銀行都可兌換。

時差

全國分三個時區，即西部時間、中部時間及東部時間。中部時間與台北時間同，峇里島即在此一時區內。

交通資訊

可搭乘華航、長榮至雅加達機場，或從泗水、日惹等地轉機一次即可抵達。

走訪世界遺產愈多，愈感覺人類的渺小，在歷史的洪河中尚且如此，更遑論浩瀚無邊的星球自然景觀，從小到大，我就對生物和地球科學感興趣，因為透過學習可以更了解生態，讚嘆造物者神奇，理解生命都有自己的出路，更重要的，是讓人懂得在大自然前謙卑。

自然遺產多數不容易到達，也因為環境維持原生態，條件也往往和想像有幾分差距。但基於興趣，雖然無法成為探險家，但藉由書籍、聽演講到投入國家公園義務解說員的行列，也逐漸有了一點涉獵，甚至開始旅行後，也還是不放棄實地造訪的機會。喜歡生態的人一定不會否認，國家地理頻道或是Discovery探索頻道的科普節目是滋補的養分，因為那是專家集十數年的心血結晶所匯集的成果，看一集節目猶如增加一甲子的功力。我對科摩多龍「世界上最大蜥蜴」的印象也是在節目中驚鴻一瞥，對於如此的巨獸，簡直令我心醉神迷，心中許下終有一天要跟牠來個四目交接的願望。

孤島上的帝王

很多人會誤解科摩多龍跟恐龍之間的關聯性，科摩多龍的中英文名字雖然都有「龍」，也同屬爬行動物，但兩者在分類上並不相同，恐龍滅絕距今六千五百萬年前，澳洲古生物學家在澳洲東北部山洞裡發現科摩多龍四百萬年前的祖先，這是科摩多龍最早出現的佐證，此時距離恐龍滅絕的時間已是天差地遠。那為何叫龍呢？我想是因為牠的體型龐大，再加上人們對於恐龍的想像，因此才有了這樣的稱呼。

全世界目前為數大約有五千七百隻的科摩多龍，只有在印尼小巽他群島的四座島嶼上才有：科摩多島（Komodo）、林卡島（Rinca）、莫堂島（Gili Motang）、弗洛勒斯島（Flores），印尼將其成立為國家公園，也因科摩多龍獨特的演化被列為世界自然遺產，雖然牠們的自然壽命可達三十歲，但即便身處食物鏈頂端，也仍面臨極大的生存

弗洛勒斯島的港口

遺世獨立的 Kelor 島

考驗。科摩多龍如何從澳洲來到印尼尚且是個謎，但為何科摩多龍只棲息在這四座島上，其他的島難道不適合生存嗎？

還沒到印尼之前，就算政府正如火如荼推動東南亞新南向政策，但和大部分人一樣，我對印尼的認知微乎其微，一提到印尼，絕大多的聯想就是優閒的峇里島、雅加達惡名昭彰的塞車以及台灣眾多的印尼移工，那都是存在於旅遊書或新聞報導當中的，其實萬島之國印尼橫跨三個時區，擁有一萬七千多個島嶼，最東邊與最西邊差距五千三百多公里，最西邊的亞齊省和東部的巴布亞省亦想從印尼分割出來。

印尼共二億五千萬的人口，有超過一半住在爪哇島上，廣大的島嶼有三百六十種族群分布其間，雖然都屬印尼，但有海洋作為天然的屏障，每座島嶼都像獨立的領地，過著自己的日子。科摩多國家公園所在的小巽他群島，不過是印尼群島中的九牛一毛而已，甚至連印尼人都不見得聽過自己居住地外的其他島嶼。

也因為這樣獨特的地理環境，每座島嶼被海洋包圍，海洋形成一道溫柔的城牆，阻擋了外來的物種侵擾，就像是一座獨立的生態體系，全世界第一個世界自然遺產加拉巴哥島，就是因為孤懸海外而衍生出許多獨特的物種，引起達爾文的興趣，觸發了他一連串演化論的論證，但也有可能因為這樣的狀況，阻擋了物種向外拓展的可能。

物競天擇的自然角力場

科摩多龍是會游泳的，在古代，牠可能生存在從澳洲到科摩多島之間的太平洋島嶼上，這些島嶼多半都經由火山噴發形成，景觀也大半是崎嶇的乾燥溫帶稀樹草原，山坡上布滿多刺的綠色植被，加上小巽他群島的周圍海流十分強勁，隨著環境氣候改變，科摩多龍也許考慮到其他島嶼食物來源穩定性的不足，因而變成足不出島的宅男，既然出去沒

與光影遊戲

熱帶島嶼的碧海藍天

有更好，那又何必冒這樣的風險呢？

對於二、三公尺長的成年科摩多龍來說，在一處食物稀缺的狹小土地上生活，幾乎是毫無懸念地奔向死亡，待在同一個地方可能是更有利的。有時候體積龐大，反而會更受限於環境的牽引而無法彈性應對，無論是動物或社會組織，好像有時都會如此。科摩多龍的食物來源包括島上的猴子、野豬、山羊、鹿和水牛，古代科摩多龍甚至會獵食已滅絕的劍齒象。在食物不足的情況下，牠們甚至會自相殘殺，看來血腥殘忍，但這其實就是自然界的物競天擇，去蕪存菁。

深入巨蜥之巢

要來科摩多島並不容易，島上並無機場，從峇里島坐飛機到最近的弗洛勒斯島要一個半小時，還得再搭船才能抵達科摩多。

Flores 是葡萄牙語中「花」的意思，很美的名字，這座島嶼面積有台灣的三分之一大，因為印尼是全世界穆斯林人口最多的國度，所以當我在島上看到為數眾多的天主教教堂時，頗是驚訝，其實從島名到信仰與生活習慣，都能看出此島從大航海時期便受到葡萄牙文化的深遠影響，當地居民多為馬來族、美拉尼西亞族與葡萄牙的混血人種，不來不知道，看來我又犯了以偏概全的謬誤。

搭船來到科摩多島的碼頭，便可看到國家公園的入口，雖然是國家公園、世界遺產，但門票並不太貴，但始終有消息說，隨著遊客增加，管理單位有意將門票從每人約十五美元，調漲至五百美元，甚至採用規格更高的會員制，因為茲事體大，影響的不只是保育，還有當地賴以為生的觀光產業，所以何時實施尚在未定之天，不過，不管是科摩多國家公園或是其他的世界遺產，費用上漲肯定是必然的趨勢。

要找尋科摩多龍，不是採取單槍匹馬逛大街的方式，因為牠們具有危險性，所以遊客都必須在拿

科摩多島國家公園入口

蜘蛛網梯田

著降龍棒的導覽員帶領下進入荒地，科摩多龍雖然視覺聽覺不佳，但是嗅覺超強，靠著舌叉嗅聞，可以感覺到數公里外的味道，所以尚未進入荒地，在村落的廚房旁，就有數隻科摩多龍懶洋洋地在曬太陽，想必是被食物香氣吸引而來，由於是野生，因此不能餵食，不過村民早已視牠們習以為常，相處倒也相安無事，不像我們這些都市俗，腦中不知道已經演練過多少遍，如果這些巨大蜥蜴們突然衝過來，要如何因應的逃生路線。

因為科摩多龍也吃腐肉，所以村子裡的每座墳都用水泥封了起來，防止牠們把屍體挖出來吃掉。

回歸野性，與龍共舞

看來顢頇笨重的科摩多龍，會靜悄悄地靠近獵物，然後突襲，奔跑時速最快可達三十公里。這些迷人的巨蜥腳上有著尖銳的爪子、粗壯可掃倒獵物的尾巴、身上滿布粗厚的硬皮，研究發現，科摩多巨蜥會分泌蛇毒液，讓獵物致死，就算逃脫，牠的唾液也含有數種細菌能夠讓獵物傷口感染，血液無法凝固而死，再用牠六十顆向後彎曲又有鋸齒的尖牙，配合頸部和前肢強壯的肌肉，讓牙齒像開罐器一樣撕裂獵物，簡直是至死方休的殺人機器。

國家公園內有分為短、中、長三條步道，原本興致勃勃選了個大約步行兩小時的中程步道，但想像總是美好，現實總是苦惱，實際行走時才發現氣候炎熱，當天濕度又高，林間蚊蟲如織，加上不知道科摩多龍會從哪裡竄出來的緊張氣氛，我家兩位女生沿途喊叫，最後只得選擇短路徑，不過運氣不錯，看到叢林中數隻科摩多龍，或作日光浴，或霸道散步，或吐信覓食，牠的出現總讓人腎上腺素快速分泌，既緊張又想多靠近牠一些，也終於理解課本上所描述「忽有龐然大物，拔山倒樹而來」的震撼。旅行就是如此，自己感興趣的事情，再辛苦再遙遠都是心甘情願、甘之如飴，怕得是搞不清楚狀況，只為了科摩多龍而科摩多龍，那可能會引來一

科摩多龍群像

肚子抱怨，畢竟這裡不是設施完善的動物園，是真正的野原荒地，人在這裡，只能接受，只能卑微。

整座國家公園不僅陸地，也包括海域，由科摩多野生動物保護區、林卡島自然保護區、帕達爾島自然保護區、姆貝林和恩戈朗保護森林、韋伍爾和姆布拉克野生動物保護區及周圍的海洋地區組成，這些島嶼都有著潔白的沙灘和碧綠的海水，清澈的海水、強烈的陽光和來自群島深處營養豐富的水質快速交換，形成多樣化的物種生活在珊瑚礁裡，吸引著海龜、鯨魚、海豚和儒艮在此生活。設立國家公園當然是因為科摩多龍這特殊的物種，但生態要永續，要保護的也絕非單一明星物種，生物多樣性及完整生物鏈，才是可長可久的關鍵。

弗洛勒斯島的原住民部落

周邊景點

環形蜘蛛網狀梯田

環形蜘蛛網狀梯田是弗洛勒斯島上的農民傳統種稻方式，最大的環形蜘蛛網狀梯田在芒加萊縣（Manggarai）的Golo Cara村莊。這種水田不僅美觀，而且富含在地智慧。當地的傳統領袖進行稻田分配，被分配的稻田稱為Lingko。當地人認為，彼此是不能分開的生命鏈條，因此稻田會從一個中心小點開始分配，土地的大小取決於受分配人的親戚人數，以及在村莊的地位。

凱勒島（kelor）

我參加的套裝行程，從科摩多國家公園回程時，有一個kelor島，是面積很小的無人島。我本來不抱期待，不過當船靠近，看到美麗清澈的海灘，再花十分鐘攀上島嶼頂端，碧海藍天盡收眼底，沙灘上可以玩水玩沙，導遊從船上搬下懶骨頭和午餐，在樹蔭下吃午餐吹海風，雖然只有短短一個多小時，卻是最靜謐的午後，令人回味無窮。

注意事項

1. 如住平價旅館要特別小心防蚊子叮咬，會傳染登革熱。許多小旅店多無熱水洗澡，也無飲用水。
2. 路邊冷飲餐點較不衛生，要避免飲用。
3. 民風相對保守，對當地異性需避免太多肢體接接觸。
4. 要看科摩多龍，弗洛勒斯島當地旅行社有許多套裝行程，可結合浮潛、健行、海灘等活動搭配，省去交通不便的麻煩。

伊朗

擁抱眞實的伊朗

項目名稱：伊瑪目廣場（Meidan Emam, Esfahan）
登錄年代：一九七九年
遺產種類：文化遺產

14

國名
伊朗伊斯蘭共和國（Islamic Republic of Iran）

人口
約八千四百九十二萬人。

語言
波斯語，英語普及率約一成。

氣候

伊朗氣候受地形影響較大，整體而言四季分明，屬大陸型乾燥氣候，春秋兩季相對溫和，適合旅行。

簽證

伊朗可辦落地簽證，持護照及簽證費用100歐元、強制保險14歐元、銀行手續費3歐元，效期三十天。

匯率

1新台幣約合1479瑞爾（IRR）。

時差

比台北慢四點五小時。

交通資訊

由曼谷搭乘伊朗滿漢航空是抵達伊朗最方便的方式。伊朗境內有鐵路、巴士，但長途旅行以巴士最佳，有兩種選擇，一是有冷氣豪華的VOLVO，另一為無冷氣陽春的BENZ；另外要遊覽城市附近景點，可考慮包計程車，伊朗油價便宜，所以就算包計程車也不貴。

伊斯法罕是絲路上重要的驛站，當年具有無與倫比的規模與華麗，到了這裡就等於看盡了半個世界，因此流傳著「伊斯法罕半天下」的說法，「讀萬卷書不如行萬里路」，在看到伊斯法罕皇家廣場後，才真正了解為何會如此流傳。

廣場的遼闊大氣讓人咋舌，廣場邊的清真寺建築也是壯觀精緻，在柯梅尼率領的伊朗伊斯蘭革命後，皇家廣場改名為伊瑪目廣場（Imam Square），伊瑪目在阿拉伯語中原意是領袖、師表、表率、楷模、祈禱主持的意思，但在什葉派中，伊瑪目代表教長，即人和真主之間的中介，有特別神聖的意義，《古蘭經》中的隱義，只有通過伊瑪目的祕傳，信眾才能知其奧義。因此伊朗從當時的君權到今日的神權統治，也反映在廣場的命名上。

伊瑪目柯梅尼廣場

喝了這杯茶，我們就是朋友了

伊瑪目廣場長五百公尺，寬一百六十公尺，除了復古的馬車可以在廣場達達地奔馳，全區都是徒步區，廣場中央的水池當年可是阿拔斯大帝的馬球場，馬球運動據信最早源起於波斯，聯合國教科文組織也將這座廣場列入世界遺產名單中。

在傍晚時分，水池幫廣場降溫，草地上是當地民眾乘涼的地方，喜愛野餐的伊朗人也絕不會錯過在草地上或家人團聚，或朋友聊天，看來十分愜意，只要揮手跟他們打招呼，當地人會熱情地和你互動，讓人覺得自己就像是個大明星，大膽一點，稍微能講英文的，會走上前來和我握手攀談，甚至要求合照；膽小的只能在路邊行注目禮，但看得出眼神裡透露出對你的好奇。美術學院的女學生趁我靠著柱子休息時，快手幫我畫了張素描；而在廣場野餐的家庭成員，每一個都熱情地要與我分享他的食物與茶飲。

不管認不認識，熱騰騰的茶，是伊朗人招待客人的必備之物。茶已經變成了社交工具，被請上一杯，不僅解渴，也象徵主客彼此間的友誼。伊朗人沏的紅茶略苦微澀，像砲彈狀的糖柱不加進茶中，而是敲碎放入口中就糖喝茶。問他們為何如此喝茶，伊朗朋友告訴我如果放糖入茶，冷掉後容易酸，較無法品嘗出茶香，而糖含口中，可以感受絲絲甘甜在唇齒間蔓延，由澀轉柔直襲味覺的口感。我開玩笑的說，只要臉皮夠厚，廣場繞一圈下來也就吃飽了，不過也別想太多，因為他們都是出自真心邀約，不怕你吃的。

伊瑪目的建築巡禮

圍繞在廣場邊最顯眼的建築，就是阿拔斯大帝建的伊瑪目清真寺（Imam Mosque），穹頂外觀是深藍色的彩色磁磚，所以又被稱為「藍色清真寺」。它並不在廣場的中軸線上，而為了要朝向麥

柔特菲拉清真寺

加聖地，稍微作了方位的改變。牆上貼滿了各式各樣蔓藤花葉圖案的磁磚，以及阿拉伯文的書法作品，建築的傳聲回音效果極佳，宣禮時不用嘶吼，聲音也能傳遍整個空間，種種的設計目的就是要營造出神聖的感覺。

而廣場西側的阿里卡普宮殿（Ali Qapu Palace）則是接待外國使節與賓客的場所，從三樓富麗堂皇的大廳出來後走到露台，便能一覽廣場全貌，這是國王閱兵的地點，站在這裡，真能體會君臨天下的感覺。第六層為音樂廳，是國王聽樂團演奏之處，天花板上都是樂器造型的框洞，既有裝飾之巧，也能避掉空間的回音。

宮殿對面，是阿拔斯大帝的私人朝拜所，柔特菲拉清真寺（Sheikh Lotfollah Mosque），穹頂天花板上畫有一隻孔雀頭，當光線由雕花格窗投射到穹頂時，拉出的光影，就像是孔雀的尾巴，說明了當時天文與建築測量的高水準，這都是值得花時間探訪的地方。

四十柱宮

琳瑯滿目的傳統市集

最後千萬不要錯過的是環繞著廣場四周的市集，這些巴剎（Bazar）不僅是觀光客採買的地方，更像是城市居民日常生活的廚房，鑽進一條條的巷弄，隨時都有未知的驚喜等著你，彷彿進入天方夜譚的迷幻之中，從鑲嵌工藝盒、金屬工藝盤、羊皮畫、木雕、漆畫到印染花布什麼都有，什麼都賣，什麼都不奇怪，讓人眼花撩亂，而且再有定力的人都無法克制購物的慾望。

我這個外國人自然特別顯眼，雖引起注目，但也獲得不少禮遇，店家熱情地詢問我對伊朗的印象，而市集裡用貓毛筆畫細密畫的畫家，還特地在我的旅遊書上免費畫上一幅薩非王朝時代的美女，這真是花再多錢都買不到的紀念品。細密畫一開始是作為書籍的插圖和封面，隨著工藝臻於成熟，藝術家將礦物質顏料精細地畫在象牙或駱駝骨上，題材多為人物肖像、圖案或風景，在薩非王朝時藝術

四十柱宮柱式與屋頂彩繪

伊瑪目清真寺

價值達到頂峰。

波斯王朝輝煌的見證

在伊斯法罕旅遊的好處是，幾乎所有的重要景點都可以用步行抵達，而且沿途林木扶疏，走起來非常舒服。從廣場慢踱到薩非王朝昔日用以接待外賓的「四十柱宮」（Chehel Sotun Palace），這棟建築由二十根筆直的木柱支撐，加上建築前水池的倒影，剛好是四十根，「四」被波斯人認為是最好的數字，也自然呈現在庭園與建築的設計概念中，其實這裡的設計就是典型的波斯園林。宮殿內部懸掛了薩非王朝對抗烏茲別克、印度和鄂圖曼土耳其的大型壁畫，還有宮廷饗宴，透過壁畫了解王朝的發展及當時穿著與生活習慣。

三十三孔橋（Sio Seh Pol Bridge）因其有三十三個拱形橋孔而得名，夜晚橋墩上打上燈光後，頓時增色不少，比白天還美麗。伊斯法罕因為有查揚德河流經調節而顯得怡人，也因此有許多古橋橫跨其上，都是以前往來絲路的商隊進入城市前的必經之路。

今日所見的伊斯法罕舊城區，其規模幾乎都是在阿拔斯大帝在位期間完成規劃或興建，因此現在的伊朗人也將對於阿拔斯大帝的景仰，呈現於許多面向。在伊斯法罕，大小飯店旅館林立，但其中最具特色與豪華的，當屬位在市中心的阿拔斯（Abassi）飯店。阿拔斯飯店原本是提供駱駝商隊居住的圍帳客棧，以前為了保護駱駝商隊，並藉以繁榮貿易，增加稅收，都會在交通要衢設置圍帳客棧，四周有堅固的城牆，提供商人完整的保護與休

1．市集裡的工藝盤攤位
2．各式香料
3．阿拔斯飯店
4．柔特菲拉清真寺頂端的孔雀光影

3

1

2

4

息，不用擔心沙漠中的不確定與危險，是商人眼中的天堂。

如今商隊式微，阿拔斯飯店搖身一變成為五星級旅館，提供旅人另一種的體驗與保護。走進大廳，不管是壁畫或是擺飾，都是濃郁的十六世紀薩非王朝風格，當時人的穿著與生活，在壁畫上詳細地展示。而中庭則是綠意盎然，波斯花園的布局也在這裡呈現，更重要的是，飯店距離伊斯法罕的重要景點，皆是步行可達，所以可以安步當車，慢慢欣賞城市的美麗，你也許會有身在天堂的錯覺。

周邊景點

凡克主教座堂

伊朗雖為穆斯林國家，但也有信奉基督教的亞美尼亞人，伊斯法罕的凡克主教座堂就是亞美尼亞使徒教會的教堂，建於一六〇六年，「凡克」在亞美尼亞語中意為修道院。內部覆蓋著九幅壁畫，描繪聖經故事，上部壁畫描繪耶穌生平，下部描繪在鄂圖曼帝國的亞美尼亞殉道者。

注意事項

1. 入境不可以攜帶豬肉食品、酒類、清涼女圖、色情的照片、光碟、雜誌，也不准攜帶豬的圖樣等物品。
2. 從抵達伊朗到離開的期間，女生記得要包頭巾遮住頭髮。男、女均不可以穿七分褲、短褲、無袖的衣服。
3. 不要任意對著婦女拍照，如果要對她們拍照時，要取得同意，尤其不可以搭肩勾背，切記要端正。

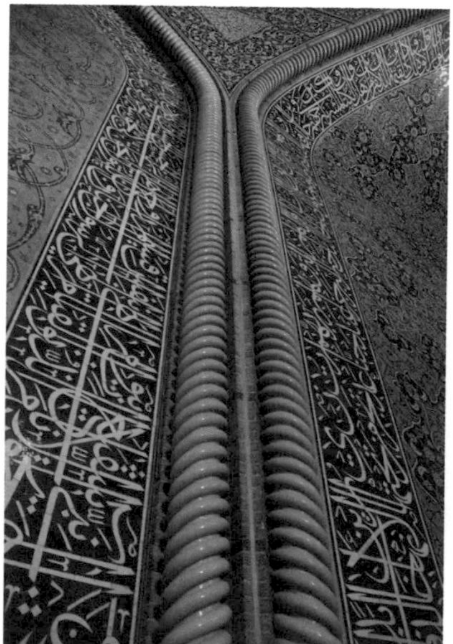

廣角側寫

熠熠生輝的中東明珠

伊朗是中東地區的文明古國，在歷史上，不論是與希臘三次大戰的波斯帝國（Achaemenid Empire），與漢代班超派遣副使甘英出使西域的安息帝國（Arsacid Empire），到與羅馬帝國既共存又衝突的薩珊王朝（Sassanid Empire），雖以不同名稱出現，但指的都是這塊高原之地；這兒也是絲路必經樞紐，古今不知凡幾的駱駝商隊東移西走，造就了東西文化的交流與物品貿易；而如今它是西方世界的眼中釘，美國眼中的邪惡軸心國，卻依舊舉足輕重地左右著世界政局發展。

它算是全世界最保守的國家之一，卻有著最熱情好奇的人民；伊朗雖也信奉伊斯蘭教，但屬於什葉派，並非占多數的遜尼派；種族上不是阿拉伯人，而是波斯人，其傳世的建築工藝和文化習俗深遠地影響阿拉伯世界，許多的同中有異，異中有同，讓身處不同文化圈的我們眼花撩亂，卻也豐富不已。

薩珊王朝在歷史舞台上落幕之後，外來的阿拉伯人、突厥人、蒙古人紛紛統治了這塊區域，不同的族群雖然在政治上取得控制權，但文化上，波斯文明如同以柔克剛徐徐吹拂的微風，使得這些族群都被波斯化，到了一五〇一年，薩非（Safavid）王朝登上歷史舞台，開創了另一場波斯文明的高峰，薩非王朝不但將伊斯蘭教什葉派正式定為國教，統一了各個省份，更由此重新激起了波斯帝國的榮景，是伊朗從中世紀向現代時期過渡的中間時期。

今日來到位於伊朗中部的古都伊斯法罕（Isfahan），這個曾經在薩非王朝時成為國都的城市，城內的建築，在在閃耀並述說著歷史的光輝。薩非王朝最重要的國王當屬阿拔斯一世（Shah Abbas I），在位期間國力達到最強。當時的都城伊斯法罕曾在更早的塞爾柱王朝時便成為國都，在阿拔斯大帝的大興土木下，閃耀著歷史的光輝，今天許多壯觀的建築物，就是在他統治期間完成的。

紐西蘭

大自然的冰與火之歌

項目名稱：蒂・瓦希普納穆公園（Te Wahipounamu-South West New Zealand）

登錄年代：一九九〇年

遺產種類：自然遺產

項目名稱：東格里羅國家公園（Tongariro National Park）

登錄年代：一九九〇年

遺產種類：複合遺產

15

國名

紐西蘭（New Zealand）

人口

約五百萬人。

語言

官方語言為英語、毛利語。

氣候

紐西蘭大部分地區為溫帶氣候，一月與二月是一年中最溫暖的月份，而七月則是全年中最寒冷的月份，越往南走，平均氣溫就會越低。

簽證

抵達紐西蘭之前必須持有NZeTA（紐西蘭電子旅行授權），可以在 immigration.govt.nz/NZeTA網上申請。

匯率

1紐西蘭幣（NZD）約合19.5新台幣。

時差

較台灣快四小時。

交通資訊

台灣目前無直飛班機，可搭乘國泰、華航及新加坡航空轉機至奧克蘭機場，轉機地點為香港和新加坡。

紐西蘭，你首先想到的是電影魔戒中的中土世界，還是這裡羊比人多的印象，或是所向披靡的英式橄欖球全黑（All Black）隊？這個位在南半球的國家，現在已成為純淨、自然的代名詞。

紐西蘭的歷史並不悠久，所以紐西蘭的三處世界遺產都為自然遺產，並沒有文化遺產，這是其他國家少見的狀況，卻也可以看出素有「活的地理教室」稱號的紐西蘭特殊之處。全國分為南、北兩島，北島有火山、湖泊、瀑布、溫泉，南島有高大的南阿爾卑斯山脈，最高峰庫克山海拔三千七百六十四公尺，多冰川和湖泊。

北島的人口較多，南島幾乎保持了自然原始風貌，南島西南部年降水量在五千至八千毫米之間，是紐西蘭降雨量最多的地區，也是世界上降水量最多的地區之一，在如此特殊的氣候環境下，才孕育出了美麗的地形

米佛峽灣

景觀，被列為世界遺產的蒂瓦希普納穆，在毛利語的意思為「第一隻野生畫眉」，此項目下共有四座國家公園：峽灣國家公園（Fiordland National Park）、庫克山國家公園（Aoraki Mt. Cook National Park）、阿斯帕林山（Mt. Aspiring National Park）國家公園及西部泰普提尼（Westland Tai Poutini National Park）國家公園。

鬼斧神工的冰雪奇景

峽灣國家公園面積一萬兩千五百平方公里，是紐西蘭最大的國家公園。氣候潮濕，有三分之二的地區都覆蓋著原始的山毛櫸和羅漢松森林，生態豐富，沿海尚有眾多峽灣，其中以米佛峽灣（Milford Sound）最為著名。冰河侵蝕河谷後，形成U型谷，當冰河溶解，海平面上升，接近海岸的峽谷被海水

倒灌，便會形成峽灣，像是挪威及紐西蘭，都有著名且被列名世界遺產的峽灣國家公園。

米佛峽灣是塔斯曼海的海水入侵形成，從海岸到內陸長達十五公里，主教冠峰從海面垂直拔地而起，標高一千六百九十二公尺，是世界上臨海最高的山峰之一，博恩瀑布是此區最大瀑布，落差達一百六十公尺，有許多冰河地形所產生的特殊景觀。

在自然界存在許多物質，最特殊的要算是水，有氣體、液體、固體三種型態，溫度愈高體積就愈小，相反溫度愈低體積就愈大，而水是百煉鋼，亦是繞指柔，水可以無孔不入，同樣能滴水穿石，再硬的石頭被水侵蝕切割之後，就形成各種鬼斧神工的面貌。

河流不斷向下侵蝕，形成上寬下窄的V型峽谷，台灣就有許多峽谷屬於這類型；而若侵蝕的營力是冰河，同樣會形成峽谷，不過就成為上下同寬的U型峽谷，因為冰河是體積龐大的固體，在下雪後層層堆積重量而疊實變成厚厚的冰塊，再因為地形落差的重力加速度，往斜坡下滑形成冰河，移動速度雖然緩慢，但因為體積龐大，產生摧枯拉朽之勢，因此峽谷兩邊多半可見清楚的冰河擦痕。冰河也是地球淡水的主要來源之一，但由於地球暖化，冰河正以驚人速度溶解中，紐西蘭許多冰河原本都有在冰河上健行的行程，但由於溶解後會使得冰層不夠扎實，遊客在冰河上踩踏可能會增加風險。

靈魂回歸之地

參觀米佛峽灣必須搭船，若想體會在山中健行，庫克山國家公園絕對是首選，這裡有許多規劃完善的步道，胡克谷步道（Hooker Valley track）全長九公里，來回約需四小時，路程沿著胡克河蜿蜒前行，幾乎沒有高度起伏，是庫克山國家公園最著名的步道，春夏兩季步道旁還有無數美麗花朵燦爛相迎，阿爾卑斯紀念碑（Alpine memorial）是眺望山谷景色的絕佳據點。

胡克谷步道

步道終點的冰磧湖

庫克山的正式全名為Aoraki／Mt. Cook，Aoraki是毛利人的稱呼，意為「雲之巔」，被南島的原住民毛利人視為聖地，部落傳說人死亡以後，靈魂會從庫克山回到天堂去。因為這裡屬於石灰岩層，冰河在移動過程中刮下石灰岩的粉末進入河中，因此河水顏色呈現乳白色的混濁。

不論男女老少，絡繹不絕的人潮到訪胡克谷步道，只因它是紐西蘭環保部門推薦來紐西蘭必走的一條步道，只要在步道上，紐西蘭最高峰庫克山就像指南針指引方向，也彷彿像是幫你加油打氣，讓人產生錯覺以為可以更接近它，但若要攀登庫克山可就是專業的登山行程了。步道終點是座冰磧湖，原本也是冰河末端，但冰河溶解後形成湖泊，想想真是不可思議。要看到庫克山也不是件容易的事，山頂常有雲霧遮掩，是否看得到，得看人品好不好。

庫克山豐富的積雪，使得整區形成十數條冰河，另一條著名的冰河是塔斯曼冰河，這條冰河長約三十公里，平均寬兩公里，景色壯觀，不想走路，也可選擇坐冰河遊船，這可不是大型郵輪，類似像快艇，可以更貼近水面的角度近距離欣賞這造物者的傑作。

攀上巔峰，凝望蒼穹

看完了冰，接下來看火，看來紐西蘭真是水裡來火裡去的一個國家。北島火山是其特色，亦有規劃步道，被列為世界自然遺產的東格里羅國家公園始建於一八八七年，當時毛利酋長出於信任，將東格里羅、魯阿佩胡（Mt.Ruapehu）和諾魯霍伊（Mt.Ngauruhoe）三座火山作為禮品贈送給英國，魯阿佩胡火山是紐西蘭北島的最高點，海拔兩千七百九十七公尺，是一座有七十五萬年歷史的活火山。一八九四年，東格里羅國家公園正式成立，成為紐西蘭最早的國家公園，同時也是世界上第四座國家公園。

在白人尚未到來之前，在紐西蘭居住的是來自

峽灣裡的瀑布

火山步道的荒蕪

東格里羅高山穿越步道

於玻里尼西亞的南島民族毛利人，南島民族共約兩億人口，分布在南太平洋及印度洋的島嶼，整個區域東至復活節島，西至馬達加斯加，北邊是台灣，而南邊就是紐西蘭，紐西蘭的毛利人也曾多次來到台灣尋根，因為台灣有可能就是南島民族的發源地，雖然台灣和紐西蘭南北半球距離遙遠，但透過這層關係感覺似乎拉近不少。

東格里羅高山穿越步道（Tongariro Alpine Crossing），號稱紐西蘭第一美的步道，衝著這個頭銜，當然要來挑戰一下。說是挑戰一點也不誇張，步道全長十九點四公里，全部走完大概要花上八小時，穿越的心情非常複雜，既又期待好天氣，可將美景一覽無遺，又擔心天氣太好，沿途可是空曠原野，沒有任何的遮蔽物，也不要被一開始好走的木棧道所騙，諾魯霍伊火山近在眼前，魔戒系列電影中的「末日火山」便是以此為原型在該地拍攝。

過沒多久便來到蘇打泉（Soda Springs），從這裡開始滿地碎石加上陡峭的地形，要爬升五百公尺，是惡名昭彰的魔鬼階梯，東格里羅國家公園的三座火山都十分活躍，凝固的熔岩流將大量礦物帶到地表，這曾經驚天動地的過程就被記錄在岩石和山脊的顏色上，孔隙中也持續排放蒸汽和二氧化硫氣體，並在其邊緣沉積出黃色的硫磺斑點。

好不容易攀上此次步道最高點，海拔一八八六公尺的紅火山口（Red Crater）後，翡翠綠湖和藍湖就出現在眼前，從周圍岩石中釋出的礦物質使得翡翠綠湖就像是顆祖母綠鑲嵌在地上，藍湖和翡翠綠湖都是冰冷且酸度極高的湖泊，只可遠觀而不可褻玩，更無法飲用。兩座湖雖然看來咫尺可得，但走過方知上山容易下山難，大小不一的火山岩走起來不時滾動，稍不留意可能就會跌坐在地上，而且強烈的陽光伴隨著朔大的野風，既冷又熱，讓我們體驗什麼叫做冰火五重天，著實讓我們吃了不少的苦頭。

這裡也是紐西蘭的國鳥 Kiwi 棲息的區域，由於島嶼遺世獨立，南北兩島上沒有走獸和蛇，所以

從火山口看翡翠綠湖和藍湖

奇異鳥出沒，注意

鳥類幾乎沒有天敵，加上食物豐富，因此飛翔能力逐漸退化成為無翼鳥，但在白人登陸後，大多無翼鳥先後滅絕。生於憂患，死於安樂，Kiwi的命運提醒我們有時太過安逸反而是生命的阻力，適度競爭及壓力反而才是讓族群綿延不絕的不二法門。

周邊景點

皇后鎮

是南島的旅遊度假地，整個城市環繞建造於瓦卡蒂普湖畔，除了湖光山色的風景外，皇后鎮也是許多極限運動，像是高空彈跳的發源地，同時也有許多戶外活動可供選擇。

注意事項

1. 紐西蘭的經濟除了觀光業外，畜牧業也是大宗，為了保護產業，更重要的是保護環境，對於入境檢查堪稱全世界最嚴格，只要是食物就一定要申報，不能攜帶肉類、蔬果、蛋奶製品及蜂蜜食品入關，泡麵也要注意不能含有肉類。個人藥品別攜帶過量，尤其是感冒藥勿帶超過三十顆，或準備好醫師處方籤（英文藥物説明書也可以），以備海關查驗。
2. 填寫入境卡時千萬要誠實，有攜帶的物品就一定要勾有，若被發現不誠實申報，輕則罰款，重則可能判刑，勿心存僥倖。
3. 紐西蘭位處南半球，和我們居住的北半球是相反季節，日夜溫差大，在衣物準備上要多加留意。東格里羅高山穿越步道絕對不是散步輕鬆行程，山上氣候多變，需做好裝備體力準備，評估自身條件前往。

廣角側寫

誰發現了紐西蘭？

紐西蘭的人口比例中約近七成為白人，很多人誤以為第一個發現紐西蘭的西方人是英國庫克船長，因為最高峰庫克山，南、北島間的庫克海峽都是因此命名，其實比英國人更早抵達這片南半球淨土的是荷蘭人，從紐西蘭的英文國名，就可追本溯源找尋證據。

大航海時期開展後，荷蘭成為第一波帝國主義殖民霸權中的一強，許多航海的水手及船長都來自荷蘭西南部的澤蘭省（Zeeland），相信大家都聽過「上帝造海，荷蘭人造陸」這句話，因為相較其他省分，澤蘭省地勢多低於海平面，早期生活不易，當地民眾為了生活，只能上船前往傳說中富裕的東方尋找機會。

一六四二年，荷蘭人亞伯．塔斯曼船隊在荷屬東印度公司資助下，成為第一個發現紐西蘭的歐洲人，為了懷念家鄉，就把這片新大陸取名新西蘭（New Zealand），只可惜當年並沒能開闢出新的貿易航線，但今天澳洲與紐西蘭之間的塔斯曼海，就是以他為名的。

直至一七六九年，英國庫克船長先後三次到訪南太平洋仔細研究紐西蘭，並為紐西蘭繪製地圖，才算真正開啟西方人對於紐西蘭的侵略，到了一七八八年，紐西蘭就已成為英國的海外殖民地。

阿曼

上帝的汗珠

16

項目名稱：乳香之路（Land of Frankincense）
登錄年代：二〇〇〇年
遺產種類：文化遺產

國名
阿曼王國（Sultanate of Oman）

人口
四百五十萬人。

語言

官方語言是阿拉伯語，通用英語。

氣候

全年平均溫度約三十度，六至九月有季風帶來的季節雨。

簽證

持台灣護照可於線上申辦觀光簽證，登入ROP網站（https://evisa.rop.gov.om）註冊取得帳號及密碼，依照系統指示在該網站辦理。

匯率

1阿曼里亞爾（OMR）約合73元新台幣。

時差

較台灣慢四小時。

交通資訊

台灣目前無直飛班機，可搭乘土耳其航空、大韓航空及轉阿提哈德航空機至馬斯科特機場，轉機地點為伊斯坦堡和仁川。

我們對阿拉伯世界的了解，多半來自天方夜譚裡的虛幻描述，不管是辛巴達海上歷險或阿拉丁神燈奇妙遭遇，那種帶有魔力的想像，都讓人覺得飄飄然，思緒彷彿隨著飛天魔毯神遊四方。

而當來到阿拉伯半島上的阿曼後，感覺愈加強烈。這個位於波斯灣入口處的國度，是半島上受季風吹拂之地，而造就了多樣景觀；在市集裡除了神燈、飛毯及阿拉伯彎刀的臨場感外，也帶給人介於虛構與真實間的迷幻。

這個大家都極為陌生的產油國，也是世界上唯一以字母「O」為開頭的國家，在這塊比台灣面積大上八倍的地方，還有一種特殊的物產：乳香。

被神悦納的禮物

第一次聽到「乳香」這個名詞，以為是哪一家鮮奶新推出的產品名稱。到了阿曼才知道，它是從一種樹上採集下來的樹脂，是許多宗教儀式上的聖物，甚至在天主教教宗若望保祿二世喪禮儀式的電視直播中，我也看到乳香燃燒後的裊裊白煙。

除了天主教有使用乳香，伊斯蘭教在講道活動中也會使用香料，在阿拉伯故事《一千零一夜》中，描繪了薰香的場景，證明香料很早就已融入生活中，且成為日常習慣。據說先知穆罕默德身上有麝香般的香味，而穆罕默德的女兒法蒂瑪出嫁時，她的衣服也被撒上了天然香料。

使用香料是神聖的行為，尤其穆斯林不准接觸酒精，因此香氣的來源必須純正，每個穆斯林都會嚴格遵守這個規定。

一顆顆如奶油琥珀色的乳香，它的珍貴與使用，在聖經裡就有記載。聖經《馬太福音第二章第十一節》記載耶穌誕生時，來自東方的三賢士，帶來了三樣禮物：黃金、乳香和沒藥，在當時都是極為貴重的物品，奉獻給降誕於人間的耶穌，黃金代表尊貴，乳香和沒藥都是香料，乳香代表使命（乳香是神的氣息，象徵耶穌與神同在），沒藥代表犧

塔威阿提雅洞窟

上帝的汗珠：乳香

牲（預言後來的殉難），其實意思就是；尊貴的耶穌有神的庇佑，但也承擔人世間的苦難。

而世界上能夠同時買到這三樣東西的地方，大概也只有在阿曼的市集裡。索馬利亞、衣索比亞、葉門也都是乳香產地，但公認最好的乳香出產自阿拉伯半島南部的阿曼，這可不是誇大其詞，歷史上就有明確的記載。

乳香的廣泛用途

乳香（Frankincense）一詞起源於古法語的「francencens」，意思是「純淨的香料」，古埃及、波斯及古羅馬時期，就已經開始大量使用乳香，在那個神權時代，古人相信乳香燃燒的煙霧會把他們祈禱帶入天堂，上升的煙霧是人與神的通訊線，就像是現在的手機一樣，因此它被廣泛應用於宗教祭祀和喪葬儀式等活動中。

據說當時一座埃及太陽神廟，一年就要燒掉近兩噸的乳香。乳香也是製作木乃伊不可或缺的，對需要保存屍體以期能復活的古埃及人來說，製作木乃伊需要把除了心臟之外的內臟全部拿掉，屍體內必須要填充物品，乳香是最佳選擇，除了能避免屍體變形，它更有防腐的效果，當然，貴重的乳香只有法老或貴族才買得起，平民百姓只能簡單使用亞麻布球作為填充物，這也說明為何保存良好的木乃伊為何多是法老和貴族的緣故。

一九二二年，考古學家打開圖坦卡門法老的墓穴，發現一個密封的長頸瓶裡，散發出一縷乳香香氣。不思議的是，這香氣已封存三千三百多年，仍隱約可聞。燃燒乳香通常用一個陶製小爐，點好炭火之後，再將乳香一顆顆放在上面焚燒，白色煙霧將內心虔誠的祈禱冉冉上升帶至天堂，慰藉人心。

千百年來，阿拉伯人也將乳香入藥，用來幫助消化、治療心臟和腎臟等疾病；舊時阿拉伯醫生出診時，都要把衣服熏上濃烈的乳香，這樣可以消毒；阿曼的佐法爾人很早就用乳香來淨化飲用水，

樹幹滲出的乳香

乳香樹

乳香貿易港口遺址

當地人還喜歡把乳香當口香糖放在嘴裡咀嚼，使口氣清新；當年歐洲黑死病流行，乳香商人卻逃過一劫，所以乳香的殺菌消毒作用無庸置疑。

而以阿拉伯半島南端為產地的乳香貿易很早就已經開始了。《舊約聖經》記載，衣索比亞的示巴女王心儀所羅門王許久，因此帶著駱駝馱著乳香、寶石和黃金渡海前來，希望得到這位智慧之王的青睞，後來兩人生下了兒子，衣索比亞歷史上的阿克蘇姆王國及所羅門王朝都聲稱是他們的血脈延續，雖然這是歷史上的八卦，但示巴女王訪問最重要的目的之一，其實是希望與西亞的以色列王國交好，獲得保證通往埃及和地中海東岸的商路安全承諾。

路的盡頭是黃金與財富

西元二〇〇〇年，世界遺產協會將一條經由阿曼、葉門，並通過阿拉伯半島西岸直到耶路撒冷的乳香貿易路線列為世界遺產，稱為「乳香之路」，阿拉伯半島南部的諸多港口是進行對外香料貿易的中轉站，如同中國的絲路，是當時重要的貿易路線，擁有成千上萬駱駝和奴隸的商隊裝滿乳香，穿越沙漠，長途跋涉數千公里的陸路旅行，前往埃及、巴比倫、波斯、希臘和羅馬帝國。羅馬博學家老普林尼（Pliny the Elder）寫道，這種貿易使半島南部的阿拉伯人成為「地球上最富有的人」。

乳香之路在西元六世紀後，由於阿拉伯半島出現大規模的沙漠化，許多綠洲逐漸消失，攔路打劫也屢見不鮮，因此擅於航海的阿拉伯人也開始從海上出口乳香，阿曼是當時阿拉伯世界的造船中心，其北部的蘇哈爾港就是阿拉伯傳說中的航海家，辛巴達的家鄉。

當時的宋朝，也由於和西夏、遼、金、蒙古對峙，東北與西北邊防受到威脅，軍費支出龐大，必須向外發展海外貿易以謀求財源，海路交通轉而發達，市舶制度的收入遂成為國家的重要財源。兩宋時，中國商船常由廣州、泉州出海，至阿拉伯地區

先知約伯之墓瀰漫著乳香

枯木亦能逢春

進行貿易，而居留在中國的阿拉伯商人逐漸形成聚集區，其盛產的乳香、象牙和犀角在中國擁有廣大的市場，而中國的絲綢及瓷器也遠銷至西亞及非洲等地。

宋朝對乳香採用禁榷制度，就是政府完全壟斷乳香的進口貿易，對其他香料都沒有這種壟斷政策。而從宋代開始，乳香也藉由海運輸入中國，變為上層社會流行的薰香，是中醫的一帖藥方，用於止痛、化瘀、活血，我曾經因為骨折看中醫，中醫開的藥方裡就有乳香，當然作用是化瘀，但要是沒來過阿曼，肯定不知道這是什麼玩意。

沙漠的珍珠

阿曼的乳香產地在南部佐法爾省（Dhofar）山區，在十五世紀，隨鄭和下西洋的明代旅行家馬歡曾在其書《瀛涯勝覽》中提到祖法兒國，這個祖法兒國就是佐法爾省，明朝也從這裡進口非常多的乳

各式各樣的椰棗

香。雖然說佐法爾地區是全阿拉伯半島唯一有季風吹拂的地方，但放眼望去，多半還是黃芒芒的沙漠景觀，但說也奇怪，乳香樹偏偏就喜歡這樣的氣候。而佐法爾山地的粗糙石灰土壤，加上清晨露珠的滋潤，培育出全世界少有的優質乳香。

乳香樹細小多皺的葉子，遠看根本感覺不到綠意，不僅樹身矮小，而且枝椏恣意扭曲，還以為是一叢叢不起眼的枯枝，但這些可是阿曼的寶貝。每年的四月至六月，工人會用一種叫「明戈哈夫」的特殊工具，就像採集橡膠和楓糖一樣，先用刀在乳香樹的樹皮上小心刮出痕跡，切口處便會滲出一滴滴的樹脂，接觸空氣後變硬，等到凝固成半透明的顆粒，這就是乳香了，再依其顏色、結塊大小和含油量為品質標準加以分級，顏色愈白的品質愈好，號稱「沙漠珍珠」，古埃及人也稱它為「上帝的汗珠」，一株樹每年可刮下十至二十公斤的乳香。

雖然乳香在宗教上的用途減少了，但提煉出的精油受到許多芳香療法者的喜愛，成為另一個產

1

2

生需求的市場。不過乳香樹也面臨到危機，除了牲畜會啃食幼苗、不明原因的野火，更糟糕的是來自於過度的採割。乳香樹每年不可採割超過十二次，以保障樹木的健康，能夠細水長流。乳香樹脂就像人類受傷結痂一樣，是保護身體的機制，但實際上採收往往超過這個次數，會使得乳香樹容易感染細菌，樹木本身的免疫系統將會瓦解，面臨到惡性循環的狀況，就算有乳香，品質也是每況愈下。

阿曼的首府莎拉拉（Salalah）市區的阿胡辛市場（Al-Husn souq），便是乳香的重要集散地，想要買乳香就必須到這裡，一間間的店面都是蒙著黑紗的婦女在經營，讓原本就有許多神奇傳說的乳香，更添加一股神祕的氣氛。

說了半天，乳香到底香不香？發揮點想像力，燒起來的味道有點像略帶焦味的陳皮，有點柑橘類的清香，香不香自在人心，但這乳香被人類文明使用的歷史，卻是像迷人的香氣，勾起探索的慾望。

周邊景點

塔威阿提雅洞窟（Tawi Attair）

阿曼的山地多為石灰岩地形，地下水源長期侵蝕的結果，形成地下有著寬廣空間的洞窟，在高原上陷落約兩百公尺深的塔威阿提雅是此區最有名的。許多鳥類選擇在此築巢，就像是鳥族的摩天大樓，百鳥齊鳴加上陣陣回聲，令人震撼。有些攀岩高手會在這裡挑戰自我，是相當刺激的運動。

塔卡（Taqa）、米爾巴特（Mirbat）傳統堡壘

阿曼有「堡壘之國」的別稱，分布在全國各地大大小小的堡壘約有五百座。而位於莎拉拉東邊的兩個小鎮：塔卡與米爾巴特，也各有一座傳統堡壘建築，也是來到莎拉拉時，大部分的人不會錯過的順遊景點。

注意事項

1. 阿曼人用餐時不用左手抓食，不要用食指或中指在別人面前比劃。注意和女性保持距離，交談、親近、或拍攝女性照片都不當，不宜讚美女性或她們的裝飾品。
2. 在齋戒期間，不要在公開場合吃喝或抽煙。避免批評伊斯蘭教，及公開讚揚以色列及猶太人。

1．著傳統服裝的婦女販售乳香

2．阿胡辛市場的乳香鋪

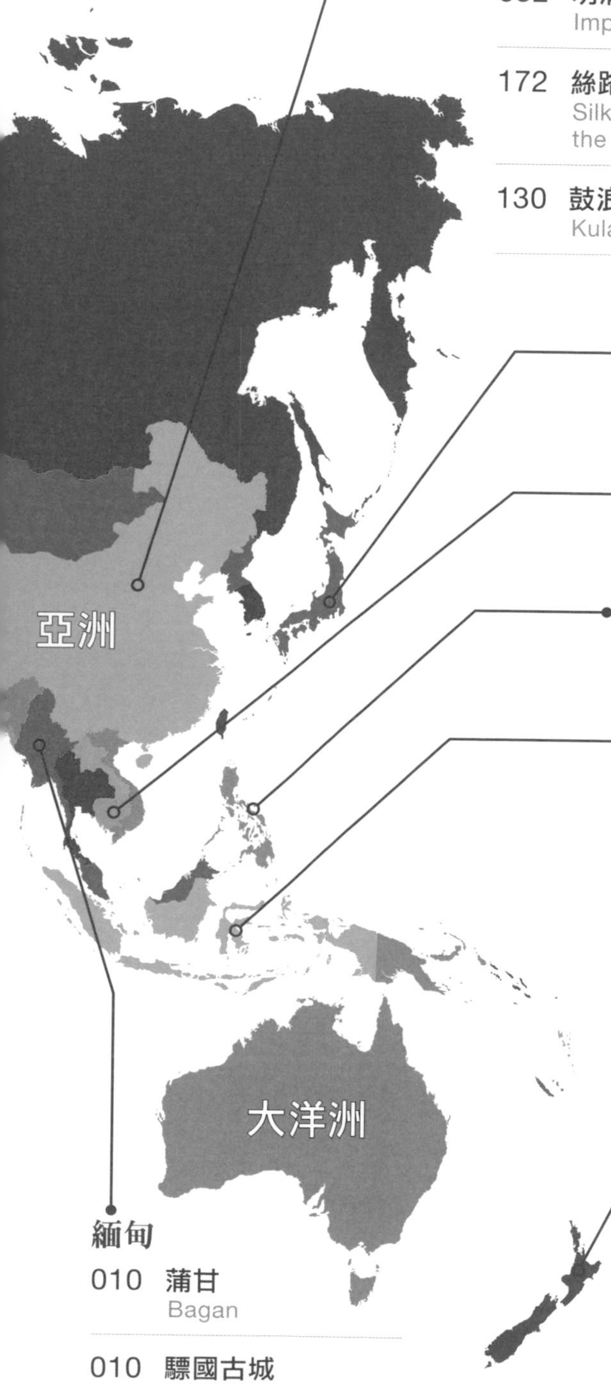

中國

052 明清皇家陵寢
Imperial Tombs of the Ming and Qing Dynasties

172 絲路：絲綢之路原始區段，天山走廊路線網
Silk Roads: Initial Section of the Silk Roads, the Routes Network of Tian-shan Corridor

130 鼓浪嶼國際歷史社區
Kulangsu,a Historic International Settlement

日本

158 廣島和平紀念館
Hiroshima Peace Memorial

柬埔寨

096 吳哥遺址
Angkor

菲律賓

068 菲律賓巴洛克教堂
Baroque Churches of the Philippines

印尼

188 科摩多國家公園
Komodo National Park

082 普蘭巴南寺廟群
Prambanan Temple Compounds

082 婆羅浮屠寺廟群
Borobudur Temple Compounds

紐西蘭

216 蒂瓦希普納穆公園
Te Wahipounamu–South West New Zealand

216 東格里羅國家公園
Tongariro National Park

緬甸

010 蒲甘
Bagan

010 驃國古城
Pyu Ancient Cities

世界遺產地理位置分布索引

土耳其

110 伊斯坦堡歷史地區
Historic Areas of Istanbul

希臘

144 雅典衛城
Acropolis, Athens

144 德爾菲考古遺址
Archaeological Site of Delphi

144 奧林匹亞考古遺址
Archaeological Site of Olympia

埃及

024 底比斯古城及其墓地
Ancient Thebes with its Necropolis

突尼西亞

038 克觀城及其陵園
Punic Town of Kerkuane and its Necropolis

038 迦太基遺址
Archaeological Site of Carthage

110 開羅安
Kairouan

阿曼

230 乳香之路
Land of Frankincense

伊朗

202 伊瑪目廣場
Meidan Emam, Esfahan

110 星期五清真寺
Masjed-e Jāmé of Isfahan

世界 繞著世界玩透透

清萊。慢慢來：必訪文化景點╳絕美產地咖啡館╳道地美食╳在地人行程推薦，讓你一次玩遍清萊

作者：尤娜 定價：380元

長住清萊的旅遊達人帶路，搭配詳盡的交通資訊、景點QRcode，就能輕鬆玩遍清萊！到富藝術感的廟宇觀賞參拜、來遼闊茶園以茶香佐美景，參觀歷史因素而成的少數民族村……一書在手，景點豐富任你遊！

太愛玩，冰島：新手也能自駕遊冰島，超省錢的旅行攻略

作者：Gavin 定價：350元

追極光、泡溫泉、賞瀑布、登火山……詳細的自駕資訊、絕美的私房景點，5天重點玩、10天完整玩、15天優閒玩，不管幾天都能感受冰島真的好！好！玩！

澳洲親子遊：趣味景點╳深度探索╳免費景點╳行程懶人包

作者：鄭艾兒 定價：380元

這本書，將告訴你澳洲除了袋鼠、無尾熊，還能搭消防車逛大街、學衝浪、玩室內跳傘也可以！世界知名地標，雪梨大橋與雪梨歌劇院，還有其他更有創意的玩法！當然還有必吃的美食推薦！澳洲，比你想像的還好玩。

胡志明小旅行：風格咖啡╳在地小吃╳創意市集╳打卡熱點，帶你玩出胡志明的文青味

作者：蔡君婷 定價：350元

繼首爾、曼谷之後，另一處文青最愛的旅遊勝地，東方巴黎──越南胡志明市。作為世界咖啡產區之一，讓胡志明市擁有獨特的咖啡文化，你喝過越南版的卡布奇諾──「蛋咖啡」嗎？各種文青風格新興市集，風情不輸曼谷！

全世界都是我家：一家五口的環遊世界之旅

作者：賴啟文、賴玉婷

定價：380元

因為旅行相識，組成家庭的夫妻倆，在3個孩子陸續報到後，還是攤開地圖，準備帶著孩子一起旅行，地圖上的每一個國家、每一個城市，看來都是可以駐足的好地方，那就……每個地方都去吧！背起背包、揹起孩子，全家環遊世界去！

姊妹揪團瘋釜山：地鐵暢遊x道地美食x購物攻略x打卡聖地，延伸暢遊新興旅遊勝地大邱（2019增訂版）

作者：顏安娜、高小琪

定價：360元

專為女孩打造，帶你玩出最精采的釜山！結合韓巢地圖，掃描QR code輕鬆達到目的地；熱門美食附上中韓對照，不懂韓文也能吃透透；5張站點周邊街道圖，快速對照，馬上出發！

台灣 台灣上山下海趴趴走

週休遊台灣：52+1條懶人包玩樂路線任你選（增訂版）
作者：樂遊台灣小組
定價：350元
週休怎麼玩，52+1條精選懶人包行程，手機一掃，跟著QRcode立刻出發！不論是想親近自然、漫步山海之間，還是想來場懷舊之旅，或要探索巷弄美食、深入當地的生活，帶著本書出發，就能重新感受福爾摩沙的迷人魅力！

樂遊台灣：30個此生必遊的台灣景點，帶你玩出最不一樣的道地滋味
作者：樂寫團隊
定價：350元
在366種繽紛色彩中，品嘗鹽花霜淇淋。探訪煙霧繚繞的城鎮，認識女巫的故鄉。赤腳踏進濕地，欣賞天空之鏡的絕美衝擊。在千年神木圍繞下，細細聆聽自然的寧靜。這是此生必遊之地，福爾摩沙！

登山新手必備指南：為台灣登山量身打造的圖解入門百科
作者：李嘉亮、邢正康
定價：550元
登山新手必備，從山岳分級、登山辨位、訓練體能，到如何選購服飾、登山裝備、飲食炊膳，與最重要的高山安全、待救脱困等重要知識，從基本郊山到百岳高山，絕對需要的入門指南！

台東的100件小事：逛市集、學衝浪、當農夫，一起緩慢過日子
作者：台東製造 定價：380元
金針花、鬼頭刀……你以為，台東只有這些「特產」嗎？跟著魚群一起晨泳，品嘗部落VUVU特製搖搖飯，在山裡尋找會走路的樹，透過在地人推薦的100件小事，帶你玩不一樣的台東，學習正港的慢活。

苗栗美好小旅行：在地美食╳懷舊老街╳私房景點
作者：江明麗 攝影：盧大中
定價：350元
除了大湖草莓、三義木雕、南庄老街、泰安溫泉……說到苗栗，你會想到什麼？苗栗的精采，讓我們一一介紹給你。6大主題規劃×60處精采景點，賞美景、逛老屋、遊農場、嘗小吃，Let's go！出發玩苗栗！

台灣經典山野祕境：一生必去的隱藏版景點
作者：邢正康
協力攝影：楊智仁
定價：380元
福爾摩沙的美，要身體力行才能體會，台灣特有的隱藏版山野景點，由行家帶領，背起行囊，踏出步伐，騎上越野單車，共同體會置身於山谷中的感動……

冒險 我是冒險王

這些國家，你一定沒去過：融融歷險記387天邦交國之旅
作者：融融歷險記 Ben
定價：360元
想一探異國精采多元的文化，想一窺遠方好友的神祕樣貌，讓作者融融用387天+1顆熱血的心，帶你繞著地球跑。

真正活一次，我的冒險沒有盡頭！從北越橫跨柬埔寨，一場6000公里的摩托車壯遊
作者：黃禹森 定價：380元
「人生沒有白走的路，每一步都算數」樂壇大師——李宗盛這麼説過。而黃禹森帶著相同的信念，用60天、35,000元、超過6,000公里路途騎著一台摩托車，踏遍東南亞。

別怕！B咖也能闖進倫敦名牌圈：留學X打工X生活，那些倫敦人教我的事
作者：湯姆（Thomas Chu)
定價：360元
一樣是海外打工度假，他卻在APPLE、Burberry、AllSaints……等品牌工作！讓湯姆來告訴你， 面試實戰經驗，精彩倫敦體驗，橫跨留學、工作、生活，倫敦教給他的3年，跟別人都不一樣。

我去安地斯山一下：謝忻的南美洲之旅
作者：謝忻 定價：390元
拎起背包，來去安地斯山一下吧！本書中有螢光幕前散播歡笑，那個你熟悉的謝忻；更有私底下喜歡獨處冒險與自我對話，那個你不熟悉的謝忻，跟著動人的文字與生動的圖片，從謝忻的視角看世界。

關西單車自助全攻略：無料達人帶路，到大阪、京都騎單車過生活！
作者：Carmen Tang
定價：350元
循著旅遊達人提供的踩踏路線，及詳實的地圖、QRcode資訊，即便是初到日本遊玩的人，也能輕鬆完成屬於自己的單車之旅。

搖滾吧！環遊世界Rock'n Round The World
作者：Hance、Mengo
定價：320元
面對未來，還在躊躇不前嗎？夢想夠多了，你需要的其實是勇氣。跟著Hance&Mengo的腳步，即刻展開一場橫跨4大洲、21國，為期365天的精彩旅程吧！

不一樣的世界遺產之旅 2

世界遺產

跟著深度旅行家馬繼康看世界

作者 馬繼康
編輯 藍匀廷
校對 藍匀廷、蔡玟俞、馬繼康
美術設計 劉錦堂

發行人 程顯灝
總編輯 呂增娣
編輯 吳雅芳、藍匀廷、黃子瑜
美術主編 劉錦堂
行銷總監 呂增慧
資深行銷 吳孟蓉

發行部 侯莉莉
財務部 許麗娟、陳美齡
印務 許丁財
出版者 四塊玉文創有限公司

總代理 三友圖書有限公司
地址 一〇六台北市安和路二段二一三號四樓
電話 (02) 2377-4155
傳真 (02) 2377-4355
E-mail service@sanyau.com.tw
郵政劃撥 05844889 三友圖書有限公司

總經銷 大和書報圖書股份有限公司
地址 新北市新莊區五工五路二號
電話 (02) 8990-2588
傳真 (02) 2299-7900

製版印刷 卡樂彩色製版印刷有限公司

初版 二〇二〇年十二月
定價 新台幣三九〇元
ISBN 978-986-5510-45-9（平裝）

國家圖書館出版品預行編目(CIP)資料

世界遺產：跟著深度旅行家馬繼康看世界：不一樣的世界遺產之旅. 2 / 馬繼康作. -- 初版. -- 臺北市：四塊玉文創有限公司, 2020.12

面； 公分
ISBN 978-986-5510-45-9(平裝)
1.旅遊 2.文化遺產 3.世界地理

719　　109017907

SANYAU
http://www.ju-zi.com.tw
三友圖書
友直 友諒 友多聞

廣　告　回　函
台北郵局登記證
台北廣字第2780 號

地址：　　　　縣/市　　　　鄉/鎮/市/區　　　　路/街

段　　巷　　弄　　號　　樓

SANYAU

三友圖書有限公司 收

SANYAU PUBLISHING CO., LTD.

106　台北市安和路2段213號4樓

SANYAU
三友圖書
讀書俱樂部

「填妥本回函，寄回本社」，
即可免費獲得好好刊。

\ 粉絲招募歡迎加入 /

臉書／痞客邦搜尋
「四塊玉文創／橘子文化／食為天文創
三友圖書——微胖男女編輯社」
加入將優先得到出版社提供的相關
優惠、新書活動等好康訊息。

四塊玉文創×橘子文化×食為天文創×旗林文化
http://www.ju-zi.com.tw
https://www.facebook.com/comehomelife

【黏貼處】對折後寄回，謝謝。

親愛的讀者：
感謝您購買《世界遺產：跟著深度旅行家馬繼康看世界：不一樣的世界遺產之旅2》一書，為感謝您對本書的支持與愛護，只要填妥本回函，並寄回本社，即可成為三友圖書會員，將定期提供新書資訊及各種優惠給您。

姓名＿＿＿＿＿＿＿＿ 出生年月日＿＿＿＿＿＿＿＿
電話＿＿＿＿＿＿＿＿ E-mail＿＿＿＿＿＿＿＿
通訊地址＿＿＿＿＿＿＿＿
臉書帳號＿＿＿＿＿＿＿＿
部落格名稱＿＿＿＿＿＿＿＿

1 年齡
□18歲以下 □19歲～25歲 □26歲～35歲 □36歲～45歲 □46歲～55歲
□56歲～65歲 □66歲～75歲 □76歲～85歲 □86歲以上

2 職業
□軍公教 □工 □商 □自由業 □服務業 □農林漁牧業 □家管 □學生
□其他＿＿＿＿＿＿＿＿

3 您從何處購得本書？
□博客來 □金石堂網書 □讀冊 □誠品網書 □其他＿＿＿＿＿＿＿＿
□實體書店＿＿＿＿＿＿＿＿

4 您從何處得知本書？
□博客來 □金石堂網書 □讀冊 □誠品網書 □其他
□實體書店＿＿＿＿＿＿＿＿ □FB（微胖男女粉絲團-三友圖書）＿＿＿＿＿＿＿＿
□三友圖書電子報 □好好刊（季刊） □朋友推薦 □廣播媒體

5 您購買本書的因素有哪些？（可複選）
□作者 □內容 □圖片 □版面編排 □其他＿＿＿＿＿＿＿＿

6 您覺得本書的封面設計如何？
□非常滿意 □滿意 □普通 □很差 □其他＿＿＿＿＿＿＿＿

7 非常感謝您購買此書，您還對哪些主題有興趣？（可複選）
□中西食譜 □點心烘焙 □飲品類 □旅遊 □養生保健 □瘦身美妝 □手作 □寵物
□商業理財 □心靈療癒 □小說 □繪本 □其他＿＿＿＿＿＿＿＿

8 您每個月的購書預算為多少金額？
□1,000元以下 □1,001～2,000元 □2,001～3,000元 □3,001～4,000元
□4,001～5,000元 □5,001元以上

9 若出版的書籍搭配贈品活動，您比較喜歡哪一類型的贈品？（可選2種）
□食品調味類 □鍋具類 □家電用品類 □書籍類 □生活用品類 □DIY手作類
□交通票券類 □展演活動票券類 □其他＿＿＿＿＿＿＿＿

10 您認為本書尚需改進之處？以及對我們的意見？
＿＿＿＿＿＿＿＿

感謝您的填寫，
您寶貴的建議是我們進步的動力！

【黏貼處】對折後寄回，謝謝。